Petra Wochnik

111 Orte am Jadebusen, die man gesehen haben muss

Mit Fotografien von Andreas Klesse

111

emons:

Bibliografische Information der Deutschen Nationalbibliothek
Die Deutsche Nationalbibliothek verzeichnet diese Publikation in der Deutschen Nationalbibliografie; detaillierte bibliografische Daten sind im Internet über http://dnb.d-nb.de abrufbar.

MIX
Papier | Fördert gute Waldnutzung
FSC® C083411
FSC www.fsc.org

Covergestaltung: Karolin Meinert
Lektorat: Jens Dreisbach
Gestaltung: Anja Sauerland, nach einem
Konzept von Lübbeke | Naumann | Thoben
Kartografie: velovia, www.velovia.bike, Christiane Weidle & Kristof Halasz

Druck und Bindung: CPI – Clausen & Bosse, Leck
Printed in Germany 2024
ISBN 978-3-7408-2089-3

Vorwort

In 111 Orten führt dieses Buch einmal um den Jadebusen. Die große Meeresbucht mit ihrer charakteristischen Herzform ist in der Küstenlinie von Niedersachsen auf jeder Karte sofort zu erkennen. »Golf von Wilhelmshaven« könnte man den Jadebusen auch nennen. Doch Namensgeber ist nicht die größte Stadt der Region, sondern ein Fluss von nur 22 Kilometern Länge im Süden: die Jade.

Sie ist Grenzfluss im Land am Jadebusen, teilt es in eine Hälfte westlich und die andere östlich der Bucht und spiegelt historische Gebiete wider, die in den Köpfen der Menschen fest verankert sind. Daher finden Sie in diesem Band nicht ein Buch, sondern gleich drei: eins über den Landkreis Friesland im Westen, eins über den Landkreis Wesermarsch im Osten und ein drittes über die kreisfreie Stadt Wilhelmshaven.

Bei den beiden Landkreisen arbeiten wir uns lesend links wie rechts des Jadebusens von Norden nach Süden vor: In Friesland starten wir mit Wangerooge, gefolgt von Wangerland, Jever-Schortens, Sande, Zetel-Bockhorn bis hinunter nach Varel-Dangast. In der Wesermarsch geht es im Norden mit Butjadingen los und mit Stadland und Jade weiter. Beim Lesen ist jeweils in der Kopfzeile zu ersehen, um welchen Landkreis und welche Gemeinde oder Stadt es gerade geht. Alphabetisch sortiert präsentieren sich in diesen die Orte. Zusätzlich unterstützen Sie am Ende des Bands, wie Sie es von der 111er-Reihe gewohnt sind, Karten bei der Orientierung.

Der Jadebusen ist eine Region der Vielfalt und der Kontraste: Das dynamische Wattenmeer trifft auf den größten Tiefwasser-Containerhafen Deutschlands, eine uralte Kultur- und Naturlandschaft auf die Herausforderungen der Moderne. Man sieht Inseln im Meer, lange Sandstrände und malerische Sielorte im Norden, Salzwiesen und Moore im Süden. Dazu gibt es roten Backstein, grüne Marsch und lange Deiche – und ausgesprochen viele Leuchttürme!

111 Orte

1 Der Alte Leuchtturm

Hier geht's lang: Orientierung für Seefahrer

Das Leuchtfeuer von Wangerooge ist seit Jahrhunderten für die Schifffahrt ein wichtiger Wegweiser bei Nacht und Nebel: Es markiert den Seefahrern bis heute die sichere Einfahrt in das Jadefahrwasser, das als »Bundeswasserstraße Jade« bis nach Wilhelmshaven führt. In umgekehrter Richtung, von Wilhelmshaven kommend, signalisiert es schon aus der Ferne mit seinem Licht den Weg in die offene Nordsee. Er führt entlang der Küstenlinie des Wangerlands über die Innenjade, und ab deren nördlichem Ende bei Schillighörn über die Außenjade hinaus aufs Meer. Wangerooge wird dabei vom Jadestrom nördlich passiert (siehe Ort 100).

Früh begann man, auf Wangerooge Sichtmarken für die Seefahrt zu installieren. Als Nachfolge für den 1590 eingestürzten Kirchturm der Nikolai-Kirche entstand ab 1597 der imposante Alte Westturm (siehe Ort 2), der 1602 das erste nächtliche Leuchtfeuer an der deutschen Nordseeküste zeigte.

Nach einer verheerenden Sturmflut zur Jahreswende 1854/55 siedelten sich die Insulaner im sicheren Osten an. Das erste und zentrale Gebäude im neuen Inseldorf war ein Leuchtturm, der bereits im Oktober 1856 in Betrieb ging: 30 Meter hoch, mit einer Wärterstube ausgestattet und mit einem Leuchtfeuer, das 20 Seemeilen weit strahlte. Der Leuchtturm wanderte im Laufe der Jahre westwärts in die Inselmitte, wurde mehrfach äußerlich verändert, auch technisch optimiert. Mitte der 1920er Jahre bekam er ein Facelift: Der Turm wurde um sieben Meter erhöht, da die Bebauung am Strand die Lichtstrahlen des Leuchtfeuers zu verdecken drohte.

1969, nach 113 Jahren, hörte sein Licht auf zu strahlen, er wurde zum »Alten Leuchtturm«. Ein neues Leuchtfeuer, ein kombinierter Leucht- und Radarturm, übernahm. Seit 1971 ist der Alte Leuchtturm im Besitz der Gemeinde, die ihn seither als Aussichtsplattform, Standesamt und Museum nutzt. Anfang 2024 bewarben sich mehr als 1.100 Kandidaten um die Stelle des neuen Leuchtturmwärters.

Adresse Zedeliusstraße 3, 26486 Wangerooge, Tel. 04469/8324 | Öffnungszeiten www.gemeinde.wangerooge.de, geplante Neueröffnung zum Sommer 2024 | Tipp Wangerooge hat nicht nur selbst viele Leuchttürme, es gibt zudem einige draußen auf dem Meer zu sehen: »Roter Sand«, sein Nachfolger »Rote Weser« oder in der Ferne das bekannte »Leuchtfeuer Helgoland«.

2 Das Backstein-Hochhaus

Der Westturm: schon immer ein Refugium der Jugend

Der Turm aller Türme auf Wangerooge ist zweifelsohne der Westturm, das Wahrzeichen der Insel. Das Gebäude, das sich heute so imposant mit seinem steilen Zeltdach und den drei Spitzen aus der flachen Landschaft erhebt, ist der Nachbau des Alten Westturms von 1597. Dieser wurde nach mehr als 300 Jahren an seinem einige hundert Meter entfernten Standort aus militärstrategischen Gründen an Heiligabend 1914 gesprengt. Als weithin sichtbares Seezeichen sollte er im Ersten Weltkrieg dem Feind nicht zur Orientierung dienen.

Ab 1925 reiften auf der Insel Pläne, ihn wieder neu aufzubauen. Man kam auf die pfiffige Idee einer »Westturm-Lotterie«, die weithin für Aufmerksamkeit und das notwendige Kapital sorgte. Die sich später formierende »Gesellschaft zum Wiederaufbau und zur Erhaltung des Westturms auf Wangerooge« beschloss, einen Bau für die »wandernde deutsche Jugend« zu errichten.

Der Spatenstich erfolgte am 12. Mai 1932, und in kürzester Zeit, in acht Monaten, war der 56 Meter hohe Backsteinbau äußerlich fast baugleich fertiggestellt, in der neuen Version mit vielen Fensterreihen. Rund 50 Arbeitsfreiwillige der Oldenburgischen Turnerjugend ließen ihre trainierten Muskeln spielen und verbauten 500.000 Klinkersteine. Am 4. Juni 1933, dem »Tag der Deutschen Jugend«, wurde der Neubau feierlich als Jugendherberge übergeben, bevor ein Jahr später die Hitlerjugend einzog.

Heute ist der Westturm eines der außergewöhnlichsten Angebote im Programm des Deutschen Jugendherbergswerks. 90 Betten gibt es im alten, denkmalgeschützten Turm, der sich über einem quadratischen Grundriss von zwölf Meter Seitenlänge über sieben Stockwerke erhebt. Atemberaubend ist der Aufstieg in die Zimmer der obersten Wohnetage, aber mindestens ebenso die grandiose Aussicht über die Ostfriesischen Inseln und die Nordsee, die ihresgleichen sucht.

Adresse Zum Westen 38, 26486 Wangerooge, Tel. 04469/439 | Öffnungszeiten 8–22 Uhr, Nov.–Feb. auf Anfrage, www.jugendherberge.de (Suchbegriff: Wangerooge) | Tipp Wenn man das Westende seeseitig umrundet, kann man in der Buhne B das darin integrierte runde Fundament des Alten Westturms entdecken.

3 Das runde Wahrzeichen

Im und um den Pudding: Ein Bunker wird zum Café

Wenn man vom Bahnhof aus immer die Zedeliusstraße entlang geradewegs zum Strand geht, dann steht man nach zirka 600 Metern unweigerlich vor ihm: dem Hügel, auf dem oben das Café Pudding thront. Dieser Hügel war schon immer eine bedeutende Sichtmarke auf der Insel, 1855 noch eine hohe Düne direkt am Wasser. So errichtete man auf ihr, wie auf vielen Nordsee-Inseln üblich, eine Bake für die Schifffahrt. Und wer um die Dünenbake herumbummelte, der ging schon damals »mal eben um den Pudding«.

Ein alter Spitzname ist es also, der dem Café seinen Namen gab. Das wurde nach dem Zweiten Weltkrieg 1949 von Bäckermeister Rolf Folkerts eröffnet, ist somit mittlerweile stolze 75 Jahre alt. Der Betrieb ist noch immer in Familienhand, mittlerweile mit den jungen Gastwirten Thorn und Diana Folkerts in der sechsten Generation. Da er gelernter Koch ist, gibt es im Pudding wie gewohnt köstliche Torten, aber auch kleine Mahlzeiten für zwischendurch und ab 17 Uhr Leckeres aus der gehobenen regionalen Küche.

Der weiche Pudding hat einen harten Kern. Denn in seinem Inneren befindet sich ein Bunker aus dem Zweiten Weltkrieg, der 1944 für ein Funkmessgerät auf der Düne errichtet wurde. Er war einer von vielen auf Wangerooge, das im April 1945 von den Nationalsozialisten zur Festung erklärt und bei einem Angriff der Alliierten am 25. des Monats schwer zerstört wurde.

Nach Kriegsende zeigte Bäckermeister Folkerts Interesse an der einmaligen Lage, erwarb eine Eismaschine und verkaufte bereits 1948 – noch aus dem Bunker heraus – sein erstes Speiseeis. Im darauffolgenden Winter erhielt der Pudding sein heutiges Aussehen, wurde der quadratische Kern mit einem Rundbau umbaut. In der Zwischenzeit gab es einige Erweiterungen und Umbauten, aber die phantastische Aussicht durch die großen Fenster auf den Strand, das Meer und die vielen Schiffe, die vorüberziehen, ist geblieben.

Adresse Zedeliusstraße 49, 26486 Wangerooge, Tel. 04469/220 | Öffnungszeiten in der Saison Di–So, 11–21.30 Uhr, www.cafe-pudding.de | Tipp Die Skulpturengruppe »Seehunde« am Fuße des Cafés stammt von der Künstlerin Judith von Eßen. Am Jadebusen stehen viele Bronzen von ihr im öffentlichen Raum, darunter die »Krabbenpulerin« in Varel.

4 Das Skelett eines Pottwals

Knöcherner Zeuge des größten Walsterbens

Warum Wale stranden, ist bislang noch nicht so genau geklärt. Auffällig ist aber, dass bei der Strandung lebender Tiere oft Walarten mit Zähnen betroffen sind: Pottwale, Grindwale, manche Schwertwale und Delphine. Im Gegensatz zu den zahnlosen Exemplaren, wie etwa den Bartenwalen, sind sie gesellige Wesen, leben in Familien und Schulen und schwimmen sozusagen gemeinsam in die Katastrophe.

Das größte je in der Nordsee beobachtete Walsterben geschah im Januar und Februar 2016. In diesem Winter starben 29 junge Pottwale an den Küsten rund um die Nordsee, in Großbritannien, Frankreich, den Niederlanden und Deutschland. Allein in der Norddeutschen Bucht fanden 16 Tiere den Tod. Hier hat das Säugetier, das mehr als tausend Meter tief taucht und über 50 Tonnen wiegen kann, nichts zu suchen. Die Männchen bevorzugen eigentlich die polaren Regionen und ernähren sich von tausend Kilo Tintenfisch am Tag.

Ihr großer Appetit auf Kalmare wurde der gestrandeten Gruppe denn auch zum Verhängnis, so die Experten. Ausgelöst durch heftige Stürme und ungewöhnlich warme Strömungen waren die Kraken aus der Tiefsee in die Nordsee getrieben worden. Die Pottwale folgten ihrer Lieblingsbeute in das für sie viel zu flache Jagdrevier, wo sie unweigerlich auf Grund laufen mussten und letztendlich an Herz- und Kreislaufversagen verendeten.

Zwei Pottwale strandeten am Ostende der Insel Wangerooge und fanden dort ihren Tod. Nach ihrer Bergung wurde einer der beiden – 13 Meter lang, 16 Tonnen schwer und elf Jahre jung – in viele Knochenteile zerlegt in die Niederlande zu dem erfahrenen Walpräparator Aart Walen gebracht. Er hat sie mit Säurebädern und Bakterien von Fleischresten befreit, gereinigt und schließlich wie bei einem 3D-Puzzle wieder zu einem überdimensionalen Skelett zusammengesetzt. Seit April 2017 steht es vor dem Nationalpark-Haus und zeigt seinen gewaltigen Kiefer.

Adresse Friedrich-August-Straße 18, 26486 Wangerooge, Tel. 04469/8397, www.nationalparkhaus-wattenmeer.de/nationalpark-haus-wangerooge, Eintritt frei | Tipp Für Walfreunde lohnt sich der Weg aufs Festland: Im UNESCO Wattenmeer-Besucherzentrum in Wilhelmshaven ist ebenfalls ein Pottwal-Skelett zu sehen.

5 Die steile Abbruchkante

Am Strand: ohne Bagger kein Tourismus

Die Nordsee kommt Wangerooge und dem Inselort ganz nah. Mit Ausnahme der großen Sandplate im Osten läuft nur ein schmaler Streifen Sand im Westen und Norden um die Insel, deren Umriss einem Seepferdchen gleicht. Wenn Land von einer Sturmflut weggerissen wird, dann müssen mitunter die Küstenschützer eingreifen, auf jeden Fall und sehr schnell aber die Touristiker.

Denn es ist fast jedes Jahr das gleiche Spiel: Ausgerechnet an der Stelle des Strands, der zum Herz des Inseltourismus im Sommer zählt, ist nach einer Sturmflut oftmals das blanke Nichts. Da, wo sich in der Saison sonst Tausende von Badegästen in bunten Strandkörben räkeln, direkt unterhalb der Strandpromenade, direkt vor dem »Pudding« (siehe Ort 3), öffnet sich unvermittelt eine Steilküste. Es ist jedes Mal – auch eine finanzielle – Katastrophe für die Insel und die Kurdirektion.

Waren es im Herbst 2017 der Orkan Herwart und das Sturmtief Xavier, die unbarmherzig zuschlugen und rund 80 Prozent des Sands an diesem Strandabschnitt wegrissen, folgte im Februar 2020 das Sturmtief Sabine. Auch dieser Sturm hinterließ große Schäden. Die Abbruchkante war nach Angaben der Kommunalbehörden an manchen Stellen bis zu zwei Meter hoch und erstreckte sich am Hauptstrand über eine Länge von etwa einem Kilometer.

Im Winter 2022 bescherten die Orkantiefs Nadia und Zeynep Wangerooge dramatische Sandverluste. Insgesamt summierte sich der Schaden auf rund 70.000 Kubikmeter Strandsand. Die unbändige Natur hatte wieder da zugeschlagen, wo es für die Touristen am schönsten ist: Der Badestrand war mit einem Mal um 90 Prozent dezimiert und musste schnellstens wieder aufgebaggert werden. Die gelben Bagger mit dem Sand aus dem Osten der Insel rollten wieder an, es wurde geschuftet und geackert – und im Sommer ahnte der Badegast nichts von den unzähligen Fahrten, die nötig waren, um ihm sein Badevergnügen zu sichern.

Adresse Am Hauptstrand, 26486 Wangerooge | Info Der Niedersächsische Landesbetrieb für Wasserwirtschaft, Küsten- und Naturschutz (NLWKN) bewertet die Situation für Wangerooge nicht aus touristischer Perspektive. Es bestehe, Stand Herbst 2023, keine akute Gefahr für die Insel, aber mittelfristiger Handlungsbedarf für die Nordostdünen im Jahr 2024.

6 Draußen am Außenhafen

Startpunkt vieler Törns in die Nordsee

In Horumersiel haben gleich drei Yachtclubs ihr Zuhause: die Segelkameradschaft Horumersiel, der Horumersieler Yachtclub sowie der Yachtclub Wangerland, allesamt eingetragene Vereine. Sie lieben ihren Heimathafen, der abhängig von den Gezeiten, von Ebbe und Flut ist und in dem man die Nordsee und ihre Naturgewalten noch direkt spürt. Auch fahrtechnisch muss man sich ein wenig auskennen mit der Dynamik des Wattenmeers: Der Weg hinein in den Hafen führt über einen ausgesteckten Prickenweg, der den Veränderungen und Verlagerungen der Sedimente im Watt entsprechend von Jahr zu Jahr etwas anders verlaufen kann.

Das stellt aber eine willkommene Herausforderung für alle Skipper da, die Horumersiel ansteuern. Und selbst bei Niedrigwasser gibt es im Yachthafen für Kielschiffe keine Probleme, da der Grund aus weichem Schlick besteht. Immerhin beträgt im Außenhafen der Tidenhub, der Abstand zwischen Niedrig- und Hochwasser, stolze 3,30 Meter. Anleger sind immer herzlich willkommen. Es gibt Wasser, Strom, sanitäre Anlagen und alles, was das Bootsfahrerherz begehrt – auch eine Tankstelle für alle Rümpfe, die nicht der Wind oder die Muskelkraft antreiben, sondern ein Motor.

Definitiv mit Motor läuft die »Jens Albrecht«, das Ausflugsschiff, das spannende Rundfahrten in die so abwechslungsreiche Wasserwelt vor Horumersiel anbietet. Es geht hinaus auf die offene See zu den Ostfriesischen Inseln, ins Wattenmeer zur Vogelschutzinsel Minsener Oog, zum Leuchtturm Mellum Plate oder Arngast, auch zu den Seehundbänken. Zu den Zugvogeltagen im Herbst gibt es auf dem Schiff bezaubernde Exkursionen in die besondere Vogelwelt im Nationalpark und UNESCO-Welterbe Wattenmeer.

In die andere Richtung, hinunter nach Wilhelmshaven, führt die »Große Jade-Rundfahrt« durch das Jadefahrwasser zum Tiefwasser-Containerhafen JadeWeserPort, vorbei am neuen LNG-Flüssiggas-Terminal.

Adresse Hafenparkplatz Außenhafen, 26434 Horumersiel | **Öffnungszeiten** Termine und Preise: Reederei K. Ilse, www.seetouristik-nordsee.de | **Tipp** Besonders abenteuerlustige Gemüter zieht es mit dem Seekajak hinaus aufs Meer. Informationen zu Revier und Touren finden sich auf www.canua.info, Deutscher Kanuverband.

7 Das friesische Bullerbü

Eine Deichwerkstatt und viele blaue Schwedenhäuser

Bin ich schon in Schweden oder ist hier noch das Wangerland? Das fragt man sich unwillkürlich, wenn man vom Norderaltendeich in Minsen beim Denkmal mit dem »Seewiefken« (siehe Ort 20) abzweigt in den Küstersmatt. Plötzlich liegt da dieses Idyll vor einem, dieses schmucke Ensemble aus kleinen, blau gestrichenen Schwedenhäusern. Viele Holzfassaden, wenig Backstein.

Hier hat sich eine Familie aus dem niederrheinischen Kempen einen Lebenstraum erfüllt. »Das große Familienprojekt haben wir 2011 gestartet«, berichtet Gaby Scheuern. In diesem Jahr haben sie und ihr Mann Harald den Schritt gewagt und den alten friesischen Hof nur 200 Meter hinter dem Deich mit 6.000 Quadratmetern Land erworben, um nah an der Nordsee mit ihren drei Kindern zu leben.

Heute gehört zum Gelände das Wohngebäude von 1913, das aufwendig saniert viel Atmosphäre im Inneren ausstrahlt. Oben kann man es sich als Feriengast mit Aussicht bis zum Horizont gemütlich machen. Blau als Leitfarbe für die Gebäude war eine Idee der Hausherrin. »Grün haben wir in der Umgebung in rauen Mengen. Das ist nicht so meins.« Getestet wurde der Farbton, der vom friesischen Teegeschirr inspiriert ist, am Hühnerstall.

Mittendrin im Schweden-Ensemble steht die Deichwerkstatt, in der die gelernte Goldschmiedin ihre handgefertigten Keramiken und Schmuck anbietet. Sie ist bekannt für ausgesucht gute und geschmackvolle Töpferwaren. Sehr originell sind ihre Keramik-Schafe mit kugeligem Bauch, die nicht nur zu Ostern der absolute Hingucker sind. Gelegentlich gibt sie Kurse in ihrem Domizil, dann stehen die Türen für kreative Schmuckgestalter ganz weit offen.

Tochter Mareikes Herz gehört vor allem den Tieren des Hofs. Die leidenschaftliche Turnierreiterin, heute Anfang dreißig, war schon Zeugin bei der Geburt des ersten Highland-Kalbs, das 2023 in diesem Paradies am Deich das Licht der Welt erblickte.

Adresse Küstersmatt 1, 26434 Minsen-Förrien, Tel. 04426/9049916 | Tipp Wer Schafe in natura angucken will, der ist bei der Deichschäferei Elisabethgroden in der Nachbarschaft bestens aufgehoben. Es gibt einen Hofladen, auch Führungen. Nur wenige hundert Meter von der Deichwerkstatt entfernt, Elisabethgroden 5, ideal per Rad.

8 Der historische Grenzstein

Die »Goldene Linie«: ins Zonenrandgebiet zum Pfahldeich

Im Westen grenzt der Landkreis Friesland, durch den wir uns in vielen Orten dieses Buchs über den Jadebusen treiben lassen, an den Landkreis Wittmund. Eine historisch berühmte Grenze, denn hier verlief seit dem 17. Jahrhundert die »Goldene Linie«. Ihren Namen hat sie von einer Karte, auf der mit goldener Tinte von der Küste durch das Wasser mittig eine Linie zwischen den Inseln Spiekeroog und Wangerooge gezogen wurde. Das eine Eiland gehörte zu Ostfriesland, das andere zu Oldenburg.

Die Vermessungsingenieure standen 1666 am Pfahldeich, nördlich des Enno-Ludwigs-Grodens. Bis dahin reichte damals das Land, und von diesem bestehenden Grenzpfahl auf dem 1658 erbauten Deich peilten sie jeweils die Baken an, die man auf dem Rand der hohen Dünen im Osten von Spiekeroog und dem Westen von Wangerooge gesetzt hatte. Der Abstand zwischen den beiden Baken wurde geteilt.

Heute liegt der Pfahldeich nicht mehr am Wasser, sondern ist durch die extreme Verlandung der Harlebucht weit im Landesinneren zu finden. Hat man das Pfahlhaus erreicht, begrüßt einen eine verwitterte Informationstafel zur Goldenen Linie. Wenn Sie vor ihr stehen und über die weite Landschaft der imaginären Linie entlang Richtung Küste blicken, befindet sich der Grenzstein etwa zehn Meter hinter Ihrem Rücken – genau auf der anderen Seite vom Pfahldeichsweg.

Nur etwa zehn mal zehn Zentimeter in der Grundfläche und 15 Zentimeter in der Höhe schauen noch aus dem Boden heraus. Man hat Mühe, ihn überhaupt an einem schmalen, etwas abschüssigen Stichweg zwischen dem Deichhaus und dem Pfahlhaus, neben einer Brennnessel und einem hölzernen Gartenzaun zu entdecken.

Das ist er also: der Ausgangspunkt der berühmten Vermessung der Goldenen Linie. Das »O« steht für Oldenburg. Das »P« auf der anderen Seite markiert das ostfriesische Territorium und steht für Preußen, dessen Provinz Ostfriesland 1744 wurde.

Adresse Pfahldeichsweg auf Höhe vom Pfahlhaus (von Osten über Sophiengroden), 26434 Neugarmssiel | Tipp Viel Sehenswertes zur Geschichte des Jever/Oldenburger Lands zeigen die Sammlungen des Schlossmuseums in Jever.

9 Die historischen Packhäuser

Der Alte Hafen von Hooksiel: ein pulsierendes Zentrum

Hooksiel ist einer jener glücklichen Küstenorte im friesischen wie ostfriesischen Teil Niedersachsens, die mit einem alten historischen Sielhafen punkten können. Wenn sich zu den malerischen Backsteinhäusern auch noch Krabbenkutter gesellen, dann ist das Idyll perfekt. Ob im Sommer oder Winter, zu jeder Jahreszeit strahlen diese Orte eine unvergleichliche Atmosphäre aus. Da ist jeder Backstein auch immer ein Stück Geschichte, erzählt von der See- und Handelsschifffahrt, die das Leben der Menschen hier immer bestimmte.

In Hooksiel lenken am Alten Hafen die gigantischen historischen Packhäuser alle Blicke auf sich: drei an der Zahl, erbaut 1821. Die Klinkerbauten dienten als Lagerhäuser für Getreide und Milchprodukte, Torf und Kohle und zeugen von der Zeit, als Hooksiel noch ein Vorhafen von Jever war. Hier befand sich ein wichtiger Umschlagplatz für den Warentransport in die historisch bedeutende Hauptstadt des Jeverlands. Über das Hookstief, das für die Entwässerung des Hinterlands sorgte, ging es mit den Frachtschiffen nach Jever bis zum Hafen an der Schlachte hinein.

Diese Funktion hat der Sielort heute verloren. Jever erhält seine Waren nicht mehr über den Schiffsweg aus Hooksiel. Die alten Sieltore sind geschlossen, die Entwässerung des Binnenlands erfolgt über das Wangertief in Horumersiel (siehe Ort 18). Und das Hafenrund liegt heute auch nicht mehr direkt am Wasser, sondern fünf Kilometer landeinwärts. Doch ein Zentrum ist der Alte Hafen immer noch: Er ist ein wahrer Magnet für Touristen.

Was kann es auch Schöneres geben, als durch das Hafenrund zu schlendern, sich an der einmaligen Kulisse zu erfreuen, an dem Wasser, das Backstein wie Boote so zauberhaft spiegelt? Oder die alte Siellaterne mit Wetterfahne und Windrose zu entdecken, deren Licht die Seefahrer einst sicher zurück in den Heimathafen lenkte?

Adresse Alter Hafen, historischer Ortskern, 26434 Hooksiel | Öffnungszeiten Der alte Sielhafen ist Schauplatz zahlreicher Feste und Veranstaltungen, aktuelle Infos und Termine unter www.wangerland.de | Tipp Gegenüber der Packhäuser, auf der anderen Hafenseite, liegt das restaurierte Mudderboot aus Holz, mit dem man noch in den 1950er Jahren die Sielzufahrt von Sand und Schlick befreite.

10 Die Jaderennbahn

Ascot in Hooksiel: rasend schneller Pferdesport

Es ist nicht nur ein sportliches, sondern auch immer ein gesellschaftliches Ereignis, wenn im Wangerland die Hooksieler Renntage ausgetragen werden. Die Damenwelt führt äußerst kreative und dekorative Kopfbedeckungen aus, die Verpflegung in weißen Pagodenzelten ist exquisit, und die Wettschalter sind auch weit geöffnet. Ganz wie im britischen Ascot, nur dass wir uns nicht in Großbritannien, sondern direkt hinter dem Nordseedeich von Hooksiel befinden, auf der absolut einmaligen Jaderennbahn. Hier werden seit mehr als 40 Jahren Pferderennen auf hohem Niveau veranstaltet. Regelmäßig sind berühmte Traber und Galopper, Fahrer und Jockeys aus ganz Deutschland und den Niederlanden am Start.

Die Organisation liegt in den Händen des Hooksieler Rennvereins, der 1981 gegründet, die langgehegte Idee umsetzte, eine eigene Bahn zu bauen und Einheimischen wie Gästen spannenden Pferdesport zu zeigen. Ein Jahr später war es so weit: Am 21. August 1982 wurde auf der neuen Grasrennbahn der erste Wettkampf gestartet, auf einem durch Landgewinnung in den 1970er Jahren neu entstandenen Erholungsgebiet, in dem heute unter anderem auch die Hooksieler Skiterrassen zu Hause sind (siehe Ort 21).

Geboten werden sowohl Trabrennen, bei denen Fahrer in Sulkys um die Kurven preschen, wie auch rasend schnelle Galopprennen, bei denen Jockeys aus den Sätteln gehen und ihre Tiere zu Höchstleistungen treiben. Eine Spezialität in Hooksiel: Die großen Rennen finden nicht am Wochenende statt, sondern mittwochabends. Dieser außergewöhnliche Termin feierte 1990 Premiere und ist seitdem das Markenzeichen der Rennserie auf der Jaderennbahn.

Im Sommer stehen regelmäßig – oft in mehreren Wochen hintereinander – Renntage auf dem Programm. Es ist einfach immer wieder ein großes Spektakel, bei dem man auf den Naturtribünen entlang des Hooksieler Seedeichs bestens mitfiebern kann.

Adresse Bäderstraße, An der Jaderennbahn, 26434 Hooksiel | Öffnungszeiten Infos und Termine unter www.rennverein-hooksiel.de | Tipp Man muss nicht vor Ort auf der Jaderennbahn sein, um auf den Ausgang eines Rennens zu wetten. Das klappt unter www.germantote.de oder www.trotto.de auch online.

11 Das kleine Wachhäuschen

Wo die blau-weiße Schranke (fast) immer offen ist

Keine Angst! Aus diesem kleinen Wachhäuschen tritt so schnell keiner in Fellmütze auf die Straße und hält Sie an. Es erinnert ein wenig an die Häuschen zur Wachablösung vor dem Buckingham Palace in London. Doch wir befinden uns in der ländlichen Region nördlich von Jever: in Middoge, einem friesischen Dorf mit gerade einmal 124 Einwohnern und einer Durchgangsstraße, der Häuptlingsstraße. Der idyllische Flecken ist tatsächlich ein Grenzort, wenn auch nur ein ganz, ganz kleiner – schmunzelnd demonstriert von dieser kleinen Wachstation am westlichen Ortsausgang.

Middoge liegt südlich der ehemaligen Harlebucht, die im 17. Jahrhundert, anders als heute, Nordseewasser weit ins Land brachte, und teils zu Ostfriesland, teils zum friesischen Jeverland gehörte. Mit zunehmender Verlandung der Bucht erhob sich der Streit zwischen den Herrschern, wo zukünftig die Grenze verlaufen solle. Im Dezember 1666 einigte man sich auf eine Grenzlinie, die genau die Mitte zwischen der ostfriesischen Insel Spiekeroog und dem jeverländisch-oldenburgischen Eiland Wangerooge anpeilte: die Goldene Linie (siehe Ort 8).

Sie ist von Bedeutung bis in die Gegenwart: Das Dorf Middoge ist heute neun Kilometer von der Küste entfernt, doch die Gemarkung Middoge läuft immer noch als schmaler Streifen östlich die Goldene Linie entlang bis zum Ostteil des Außenhafens Harlesiel und dem Flugplatz Harle, die beide zur Gemarkung Middoge und damit zu Friesland und nicht Ostfriesland gehören.

Die Schranke an der Grenzstation von Middoge markiert den Übergang von einem ins andere Territorium. Sie ist eigentlich immer offen. Einmal wurde sie jedoch geschlossen, als man zu einer Veranstaltungsreihe an die ehemaligen preußischen Zeiten Ostfrieslands erinnerte. Da wurde hier ein Double Friedrichs des Großen in die oldenburgischen Schranken gewiesen – und nicht nach Middoge hineingelassen.

Adresse Häuptlingsstraße, westlicher Ortsausgang, 26434 Middoge | Tipp Direkt nebenan, im historischen Gulfhof mit der Hausnummer 19, hat die bekannte Middoger Tortenfee ihren Sitz. Unter www.middoger-tortenfee.de finden sich Preise und Termine zu ihren beliebten Backkursen und zur Ostfriesischen Teezeremonie.

12 Der Künstler-Treffpunkt

Galerie und Werkstatt im Künstlerhaus Hooksiel

An diesem Ort pulsiert das kreative Herz der Region. Das Backsteinhaus, am Ende des historischen Ortskerns, kurz vor dem Alten Hafen, gibt der Kunst, Künstlern und Künstlerinnen den perfekten Raum und Rahmen, um sich zu entfalten. Im ehemaligen Spritzenhaus der Feuerwehr trifft sich eine sehr aktive Kunstszene regelmäßig zum Austausch und zu den vielen Ausstellungen, mit denen das Künstlerhaus Hooksiel aktuelle Gegenwartskunst präsentiert. In den Wintermonaten wird speziell den Kreativen aus dem Wangerland die Gelegenheit gegeben, sich vorzustellen.

Das Programm ist vielfältig: Es zeigt unterschiedlichste Kunststile, von Grafik über klassische Malerei bis hin zu Kunstwerken, die mit dem Finger gemalt wurden. Auch Bildhauerei und Fotografie sind vertreten, etwa zu Holzskulpturen oder zu ungewöhnlichen Perspektiven auf Bäumen. Große Panorama-Landschaften spielen naturgemäß eine wichtige Rolle bei den zeitgenössischen Kunstwerken. Aber auch sehr Kleines wie die Teebeutelkunst, eine sehr spezielle Form der Miniaturmalerei, war schon eine Ausstellung wert.

Unter der Leitung von Renate Janßen-Niemann hat sich das Künstlerhaus Hooksiel nicht nur als Galerie weithin einen Namen gemacht, sondern auch als Begegnungsstätte und Werkstatt. Es gibt Malkurse für Erwachsene, wo etwa Porträtzeichnen gelehrt wird, aber auch so Ungewöhnliches wie das Malen in Eierschalen. Kinder können sich in den Schulferien beim »Kunstkarussell« austoben.

Eine Besonderheit sind die Residenzstipendien für bildende Künstler. Für die Dauer von drei Monaten jeweils arbeiten und wohnen die Stipendiaten im Künstlerhaus, in dem ihnen das Sommeratelier wie die Druckwerkstatt zur Verfügung stehen sowie eine eigene Wohnung. Am Ende gibt es eine Ausstellung, und dazwischen kann man ihnen über die Schulter schauen und direkt dabei sein, wenn Kunst entsteht. Hier hat die Kunst definitiv ein Zuhause.

Adresse Lange Straße 16, 26434 Hooksiel | **Öffnungszeiten** März–Okt. Di–So 14–17 Uhr, www.kuenstlerhaus-hooksiel.de | **Tipp** »Fischers Sohn will Meer« heißt die beliebte Skulptur vor dem Künstlerhaus, die einen Jungen mit Schwimmreifen zeigt, der einem riesigen Fisch hinterhereilt. Sie ist Teil eines Skulpturenpfads, der insgesamt sechs Kunstwerke umfasst.

13 Die Minsener Oog

12.000 Vögel und der Mensch als Zaungast

Direkt vor Schillig im Wangerland liegt die einzige Vogelschutzinsel im niedersächsischen Wattenmeer, zu der man eine geführte Wattwanderung unternehmen kann: die Minsener Oog. Zu ihr gibt es keine Fährverbindung, sodass man sowohl den Hin- wie den Rückweg zu Fuß absolvieren muss. Die insgesamt zwölf Kilometer führen aber größtenteils durch Sandwatt und lassen sich superbequem laufen. Daher eignet sich diese Tour für Groß und Klein und auch für nicht so sportliche Gemüter.

Eine Wattwanderung zur Minsener Oog ist aber noch aus einem anderen Grund etwas ganz Besonderes: Die Strecke führt viele Kilometer direkt an der Kante des Jadefahrwassers entlang, der Hauptschifffahrtsroute nach Wilhelmshaven. Riesige Containerschiffe ziehen in Sichtweite der Wattwanderer vorbei, bringen Fracht aus allen Ecken der globalisierten Welt. Unbeeindruckt davon zeigt sich die Natur, denn hier und da guckt mal eine Seehundschnauze vorwitzig aus dem Wasser, ziehen oben am Himmel kreischende Möwen ihre Bahnen.

Auch das Wattwanderzentrum Ostfriesland mit Sitz in Harlesiel führt regelmäßig Besuchergruppen zu dieser außergewöhnlichen Insel, wo der Mensch nur Zaungast ist. Die Nationalpark-Guides um Firmengründer Joke Pouliart verstehen sich als Wissensvermittler, als Pädagogen im Watt, die ihre Gäste in den Pausen spannend unterhalten. So erfährt man viel über die »Raststätte« Wattenmeer, die von so immenser Bedeutung für den internationalen Vogelzug ist.

Der Südstrand der Minsener Oog kann ganzjährig besucht werden. In der Brut- und Aufzuchtzeit der Vögel, vom 1. April bis 31. Juli, darf die Inselspitze jedoch nicht bestiegen werden. Darüber wacht der einzige Mensch auf der Insel, der Vogelwart. Bis zu 12.000 Tiere leben auf dem Eiland, darunter allein 8.000 Brutvögel. Neben Lachmöwen fliegen sie vor allem zigtausende Seeschwalben an, sogar die vom Aussterben bedrohte Zugseeschwalbe.

Adresse Die Wattwanderungen starten in Schillig: www.waddensea.travel, www.wattabenteuer.de, www.wattlopen.de oder www.nordsee-oder-watt.de | Info Die Minsener Oog ist eigentlich ein Strömungsbauwerk, erst im 20. Jahrhundert durch Menschenhand entstanden, um die Zufahrt nach Wilhelmshaven vor dem Versanden zu schützen. Weithin sichtbar: der schwarz-weiße Radarturm.

14 Der moderne Meisterbau

Gottes Halfpipe: die Kirche St. Marien in Schillig

Hier müssen Sie unbedingt haltmachen und hineingehen, auch wenn es Sie sonst vielleicht nicht so in Kirchen zieht oder Sie gar keiner christlichen Religion angehören. Denn dieses Gebäude aus dunklem Backstein, die katholische Kirche von Schillig, ist ein kleines architektonisches Juwel. St. Marien ist die jüngste im kirchenreichen Wangerland: ein Neubau von 2012 mit einer außergewöhnlichen Architektur, die im Inneren eine faszinierende Atmosphäre mit strahlend schönem Licht zaubert.

In unmittelbarer Nähe zu Strand und Deich ist sie fraglos eine Kirche am Meer. Ein Thema, das die Kölner Architekten Ulrich und Ilse Maria Königs meisterhaft umgesetzt haben. So schwingen sich die Außenwände in großen Wellen um den Innenraum herum, der den Grundriss eines lang gestreckten lateinischen Kreuzes hat. Das Motiv der Welle kehrt auch in der Konstruktion des Dachs wieder, das von zwei Seiten wie in ein tiefes Wellental hinabzustürzen scheint. Durch die großen Fensterflächen im Dach strömt herrliches Licht von oben hinein in den Kirchenraum und verleiht ihm eine ganz besondere Magie. Kaskaden aus Lichtstreifen ziehen sich über bauchig gewölbte Wände bis ganz hinunter auf den Steinfußboden, der Spuren fossiler Meerestiere zeigt.

Die so überzeugend moderne St.-Marien-Kirche ist der Nachfolgebau einer früheren von 1967. In Schillig hatte sich nach dem Zweiten Weltkrieg eine kleine katholische Gemeinde von Flüchtlingen und Vertriebenen aus Oberschlesien gebildet, die erste im Wangerland seit der Reformation. In der traditionell evangelisch-lutherischen Region sind katholische Gemeinden bis heute eine Seltenheit. Neben dem modernen Kirchenbau in Schillig gibt es mit der Kirche St. Ansgar noch eine zweite in Hooksiel, die 1966 geweiht wurde. Vor allem der Tourismusboom in den 1970er Jahren löste in den beiden Badeorten den Bau der katholischen »Urlauberkirchen« aus.

Adresse Jadestraße 34, 26434 Schillig, Tel. 04426/365 | Öffnungszeiten Di–So 9–17 Uhr, www.katholische-kirche-wangerland.de | Tipp St. Marien in Schillig ist eine von 14 Kirchen des Wangerländischen Pilgerwegs. Für die 76 Kilometer braucht man zwei Tage, Pilgerpass zum Abstempeln der Stationen in allen Kirchen erhältlich.

15 Das Muschelmuseum

Weichtiere aus aller Welt unterm Zwiebelturm

Eines der alten Backsteinhäuser an der Langen Straße von Hooksiel fällt schon von Weitem ins Auge. Mitten aus dem Dachfirst eines ansonsten relativ gewöhnlichen Gemäuers mit rechteckigem Grundriss erhebt sich ein gewaltiger Zwiebelturm, der leicht überdimensioniert und auch ein wenig deplatziert wirkt auf diesem schnöden Satteldach. Man könnte ihn sich auf einem Schloss vorstellen, zum Beispiel auf dem in Jever. Und das hat man sich auch wahrscheinlich zum Vorbild genommen. Denn einst hatte das Haus hier durchaus repräsentative Aufgaben zu erfüllen, da es als Rathaus fungierte. Durch einen Zwiebelturmaufbau ließ sich dieser amtliche Charakter des Gebäudes architektonisch bestens demonstrieren.

Danach gab es für das Alte Rathaus verschiedenste Verwendungen: Bis 1993/94 diente es als Sitz der Kurverwaltung, danach zog kurzzeitig das benachbarte Künstlerhaus Hooksiel ein (siehe Ort 12), bis im April 2012 das Hooksieler Muschelmuseum hier sein Domizil fand. Die Gemeinde Wangerland hatte 2010 eine private Muschelsammlung von dem Sammler Georg Hempfling erworben. Er hatte über Jahrzehnte Muscheln aus aller Welt zusammengetragen, eine großartige Sammlung der größten und der kleinsten Muscheln und Schnecken, die auf unserem Globus leben.

Sie lassen sich nun alle in dem Muschelmuseum unterm Zwiebeldach bestaunen. Darunter ist auch ein so besonderes Weichtier wie der berühmte Nautilus. Er schwebt sonst durch den Pazifik. Sein großer spiralförmiger Kalkpanzer mit den auffälligen braun-weißen Streifen gehört zu den Prachtstücken der Ausstellung. Auch so etwas Exotisches wie Trompetenschnecken aus hinduistischen und buddhistischen Klöstern werden im Sonderprogramm gezeigt.

Die einheimische Muschelwelt ist im Vergleich dazu schon etwas kleiner und blasser. Aber auch sie hat ihre Schönheiten, wie die Wellhornschnecke, die nur noch selten an den Stränden zu finden ist.

Adresse Lange Straße 18, 26434 Hooksiel, Tel. 04425/1278 | Öffnungszeiten April–Okt. täglich 11–17 Uhr | Tipp Bei einer Wattwanderung in Hooksiel kann man selbst nach Muscheln suchen und hat einen kompetenten Wattführer an der Seite, der den Fang erklärt (Rolf Gerdes, www.wattabenteuer.de).

16 Der See für Sportliche

Am »Wangermeer« bleibt man zum Segeln an Land

Von Strandsegeln haben die meisten wohl schon gehört, aber von Landsegeln? Ja, das gibt es alles mittlerweile auf der großen Klaviatur der Segelsportarten. Wenn weder Wasser noch Strand vorhanden sind, dann geht es mit dem Segel nun auch aufs Land. Das nennt sich dann »Blokarting«. Das Einzige, was nicht fehlen darf, ist Wind. Und davon gibt es im Wangerland genug. Die erste Anlage Deutschlands, in der diese Sportart überhaupt betrieben und gelehrt wird, ist am Wangermeer in der Nähe von Hohenkirchen zu finden.

Der Name ist ein wenig irreführend, handelt es sich bei dem Gewässer doch nicht um ein Meer, sondern um einen See im Binnenland. Das Wangermeer entstand durch den Abbau von Kleiboden, den man jahrelang in großen Mengen brauchte, um die Deiche zu erhöhen. Am Ende blieb ein 100 Hektar großer See mit einer 14 Hektar großen Insel übrig. Eine 325 Meter lange Promenadenbrücke überspannt das Gelände, auf dem 2012 ein Freizeitpark eröffnete, betrieben von den Brüdern Otmar und Olaf Buhl. Ihr Buhl Activity Park versteht sich als Treffpunkt für Fun- und Trendsportarten. Eine davon, aus den USA importiert, ist das Landsegeln.

Dafür ist der Uferbereich des Wangermeers mit seinem festen Untergrund bestens geeignet. Die Anlage für das Blokarting liegt in einer Schneise, die hohe Windwahrscheinlichkeit bietet. Mit einer Länge von 200 Metern und einer Breite von 80 Metern bietet sie zudem ausreichend Platz für diesen raumgreifenden Sport. Damit ist ein Rundkurs von zirka 500 Meter Länge möglich, auf dem bis zu 30 Fahrer gleichzeitig vom Wind angetrieben rasen können.

Der Freizeitpark am Wangermeer hat für Sportbegeisterte noch viel mehr zu bieten: beispielsweise Fußballgolf, Blobbing, Katamaransegeln, Wingsurfing, Wingfoiling, Stand-up-Paddling und Windsurfen, aber auch so Unspektakuläres wie Kanupaddeln und Tretbootfahren, die man auch andernorts findet.

Adresse Grimmenser Straße 1a, 26434 Wangerland-Hohenkirchen, Tel. 04463/8098440 | Öffnungszeiten Angebote und Kurse unter www.buhl-activity-parks.de | Tipp Man kann auch einfach spazierengehen auf dem Weg, der rund um den See führt. Die Promenadenbrücke aus Holz lädt mit ihren Plattformen ebenfalls zum Verweilen und In-die-Ferne-Gucken ein.

17_Das Strandparadies

Schillig: Ganz viel Sand und Kitesurfer

Die Landspitze um das Schillighörn hat den schönsten Sandstrand von ganz Friesland zu bieten. Hier liegt echter Strand vor dem Deich und ist nicht aufgeschüttet wie an vielen anderen Orten entlang der Nordseeküste, sondern Natur pur. Kilometerlange Spaziergänge lassen sich machen, man fühlt sich beim Strandspaziergang wie auf einer Insel. Diese bilden das maritime Panorama beim Wandern, sei es der Blick auf Wangerooge oder die Minsener Oog.

In Schillig ist alles eingerichtet für den Urlaub am Strand. Der Campingplatz, bereits 1950 eröffnet, hat sich zu einem der größten in Europa entwickelt. Seine Lage direkt am Wasser macht ihn so beliebt. Viele Muscheln gibt es hier, die dem Küstenort auch zu seinem Namen verhalfen. Denn der Name leitet sich ab vom Wort Schill, das ähnlich wie das englische *shell* klingt und Muschel bedeutet.

Einen besonderen Klang hat Schillig bei den Kitesurfern dieser Welt. An dieser Ecke der Nordseeküste wehen die Winde besonders gut. Ideal ist das Revier bei Wind aus Nordwest bis Süd, dann sind die sportlichen »Drachenbändiger« relativ sicher und außer Gefahr, vom Wind aufs Meer hinausgetrieben zu werden. Spektakulär sind sie anzusehen, wenn sie mit ihren bunten Kites über das Wasser tanzen, zu Luftsprüngen abheben oder mit einem der neuartigen Foil-Boards sogar über dem Wasser zu schweben scheinen. Da kommen auch die Zuschauer am Strand voll auf ihre Kosten.

Rund um das Thema kann man in Schillig eigentlich alles lernen: das Kiten zu Wasser oder auch an Land, das sogenannte Kitelandboarden. Dabei steht man auf einem Skateboard und saust, vom Drachen angetrieben, über die Piste. Auch die Fahrt unter Segel steht weiter hoch im Kurs: ob klassisch im Boot – auch im Katamaran – oder auf dem Surfbrett. Auch in dieser Disziplin gibt es neuerdings die Variante Landsegeln: Blokarting heißt der neue Sport.

Adresse Jadestraße, Badestrand, 26434 Schillig | Öffnungszeiten Termine und Kurse unter www.nordsee-surfschule.de oder www.windloop-schillig.de | Tipp Luftsprünge macht man auch beim Blobbing, dem jüngsten Trend in Schillig: Durch den Sprung auf ein großes Luftkissen wird eine darauf liegende Person von ebendiesem in die Luft katapultiert, um dann ins Wasser zu stürzen.

18 Der tiefe Parkplatz

Treppen und Asphalt, wo einst der alte Hafen lag

Hier geht es ganz schön tief hinunter – und das hat seinen guten Grund. Denn da, wo am Rande des Ortszentrums steile Treppen zu einem großen Parkplatz führen, befand sich über viele Jahrhunderte ein großes Hafenbecken: der Hafen von Horumersiel. Er war ein typischer Sielhafen, wie so viele an der ostfriesischen und friesischen Nordseeküste, der sich um ein zur Entwässerung des Hinterlands errichtetes Sieltor gebildet hatte. Bereits 1542 entstand an dieser Stelle ein Siel mit Hafen. 1871 war es sogar das erste gemauerte Siel im ganzen Wangerland.

Heute erinnert nur noch der bogenförmige Verlauf der Straße Zum Hafen, die zum neuen Hafen über den Deich führt, an diese Zeit. Denn in den 1960er Jahren änderte sich schlagartig die Situation. Der Hafen wurde außer Betrieb genommen und zugeschüttet. Statt Nordseewasser bildet heute der harte Asphalt eines Parkplatzes den Grund. Oberhalb befindet sich das Haus des Gastes, zentrale Anlaufstelle für Touristen auf der Suche nach Informationen und dank seiner Größe auch ein beliebter Veranstaltungsort, wie etwa für die populären Zugvogeltage vom Nationalpark Wattenmeer.

Hauptgrund für diesen radikal anmutenden Schritt war ein gänzlich anderes Konzept der Entwässerung für das gesamte Wangerland. Statt die vielen Kanäle und Tiefs wie bis dahin über vier Siele – Hooksiel, Hohenstiefersiel, Crildumersiel und Horumersiel – zu entwässern, läuft seit 1965 das gesamte Wasser aus dem Binnenland zentral über eine Stelle in die Nordsee ab: über das Wangertief und durch seine drei 6,5 Meter breiten Tore, die sich zum neuen Außenhafen von Horumersiel automatisiert öffnen und schließen.

Das Wasser vom Horumertief, das noch gemütlich wie eh und je durch den Ortskern fließt, wird heute an dessen Ende südlich gelenkt und läuft zunächst in das Hohenstief, um dann über das Schöpfwerk Wangerland seinen Weg in das Wangertief zu nehmen.

Adresse Zum Hafen 3, 26434 Horumersiel | Tipp Neben dem Gebäude der Wangerland Touristik steht seit 2019 der »Hohe Stuhl« auf der sogenannten Blumenwiese. Er ist ein Nachbau des Seenotbeobachtungsturms, der sich bis 1947 an fast der gleichen Stelle am alten Hafen befand und wegen Baufälligkeit abgerissen wurde.

19 Die Wartehäuschen

Wenn aus Beton Kunst wird: So macht Busfahren Spaß!

Bushaltestellen sind im Allgemeinen keine Orte, die zum Verweilen einladen. Das war im Wangerland auch nicht anders als im Rest der Republik. Bis der Maler Dennis Eggerichs 2016 auf Initiative von Reiner Tammen damit anfing, zwei unansehnliche Wartehäuschen in Altgarmssiel zu verschönern. Es war der Anfang eines Projekts, das sichtbar Spuren hinterlassen hat im Landschaftsbild. Statt auf tristen grauen Beton, verwittert und vergammelt, blickt man nun immer häufiger auf Wartehäuschen, die mit fröhlichen Motiven aus der Region bemalt sind.

In den ersten Jahren, bis 2018, wurden insgesamt zwölf Wartehäuschen zu kleinen Kunstwerken. 2019 schnellte die Zahl auf 25 und wuchs in den Folgejahren stetig an. Mittlerweile gibt es im Wangerland so gut wie keine hässlichen Beton-Warteplätze mehr. Bemalt wurden sie ehrenamtlich von unterschiedlichsten Menschen, von Kindern und Senioren, von Laien und Künstlern, von Gruppen und Privatleuten.

Viele Motive aus der Natur finden sich als Kontrastprogramm zum nackten Beton, wie etwa die Deichschafe von der über 70 Jahre alten Künstlerin Elke Debbag. Der Durchblick auf eine Landschaft, in diesem Fall auf einen Deich im Hintergrund, schafft häufig interessante optische Illusionen von Tiefe. So ist etwa an anderer (Bushalte-)Stelle eine lange Allee zu sehen, die scheinbar erst am Horizont endet. Amüsant sind auch Beispiele, die den Innenraum neu interpretieren: So sitzt man statt auf einer harten Bank im gelbweiß gestreiften Strandkorb oder befindet sich in einer friesischen Küche mit viel Backstein außen.

Eine Übersicht aller bemalten Buswartehäuschen mit den Namen der Maler und Malerinnen sowie der Bushaltestellen findet sich auf der Website von »Erde und Flut« (siehe Infos). Die Lenkungsgruppe unterstützt das Projekt seit 2017. Oder man fährt einfach mal wieder Bus und freut sich aufs Warten.

Adresse Bushaltestelle Daunenstrift, Landstraße zwischen Mederns und Minsen, Tengshausen 11, 26434 Wangerland | Tipp Wer keine Zeit zum Busfahren hat, kann sich alle Wartehäuschen-Motive auf www.erdeundflut.de anschauen. Einfach den Menüpunkt »Verschönerung von Buswartehäuschen« anklicken.

20 Die Wassernixe am Deich

Das Minsener Seewiefken: Wahrzeichen und Mahnung

Einen entschlossenen Blick hat sie schon, wenn man genau hinguckt. Die Frauenfigur aus Bronze ist auch nicht gekommen, um freundlich zu lächeln, sondern um grausame Rache zu üben für das, was ihr im Wangerland angetan wurde. Denn laut einer mittelalterlichen Sage ging den Fischern von Minsen einst ein seltsamer Fang ins Netz: eine junge Frau mit Schwimmhäuten zwischen den Fingern und einem silbern glänzenden Leib, der von der Taille abwärts in einen Fischschwanz überging.

Die Männer ließen das Seewiefken, wie sie es auf Friesisch recht liebevoll nannten, jedoch nicht frei, sondern nahmen es an Land und sperrten es ein. Alles Flehen und Betteln der Meerjungfrau half nichts, es blieb gefangen. Doch eines Tages gelangen dem Seeweibchen die Flucht und der Weg zurück ins Meer.

Als die Minsener am folgenden Sonntag zum Gottesdienst in der Kirche saßen, brach ein ungeheurer Sturm an. Der Wind drückte das Wasser so stark gegen das Land, dass die schützenden Deiche brachen. Riesige Wellen türmten sich auf, überrollten Marsch und Warfen, Mensch und Vieh. Die wenigen, die diese Sturmflut überlebten, waren sich sicher: Das war die Rache des Seewiefkens!

Die Meerjungfrau aus der Sage ist heute das Wahrzeichen des Wangerlands. Mit erhobenem Zeigefinger findet man sie auf blauem Grund und mit blondem Zopf als zentrale Figur im Wappen der Nordseegemeinde – eine ewige Mahnung, das Meer und die Naturgewalten zu achten.

Doch auch als Bronzeplastik ist »Dat Minsener Seewief« wieder zurückgekehrt. 1992 schuf die Bildhauerin Karin Mennen eine überlebensgroße Skulptur, die am Norderaltendeich, der alten Deichlinie vor Minsen, mit nacktem Oberkörper und geschuppter Schwanzflosse auftaucht. Auf beide Arme gestützt schaut das sagenhafte Wasserwesen in die Ferne: nicht in Richtung Meer, was sein eigentliches Element ist, sondern ins weite Land, zu den Menschen.

Adresse Norderaltendeich, Abzweigung Hohenrehde, 26434 Minsen-Förrien | Tipp Wem statt Bronze Keramik lieber ist, der muss nur ein paar Meter ostwärts gehen. Dort findet sich links im Küstersmatt die Deichwerkstatt mit origineller Töpferware (siehe Ort 7).

21 Die Wasserski-Anlage

Mega! Vom Lift gezogen über das Hooksmeer rauschen

Ein Wakeboard ist vergleichbar mit einem Snowboard – nur dass man damit nicht über weißen Schnee wedelt, sondern über blaues Wasser fährt. Das gute alte Wasserski ist halt auch mit der Zeit gegangen. Auf zwei Brettern lässt man sich heute kaum noch ziehen, Wakeboarding ist angesagt. Im Wangerland gibt es einen einzigartigen Ort, um sich mit diesem Sport vertraut zu machen: die Hooksieler Skiterrassen. Sie liegen im geschützten Innenhafen des beliebten Badeorts, dem Hooksmeer, und bieten ideale Voraussetzungen. Wo ließe sich besser trainieren als hier mit dem Skilift? Dazu braucht man kein Boot, das kann jeder und jede ausprobieren. Boards, Wasserski und Neoprenanzüge in allen Größen können ausgeliehen werden. An der Ausrüstung sollte es also nicht scheitern. Und an kaltem oder schlechtem Wetter auch nicht.

Anfänger müssen sich immer noch zuerst auf zwei Brettern beweisen. Darauf steht es sich zu Beginn doch sicherer als auf einem der trendigen Wakeboards. Hat man am 100 Meter langen Trainingslift seine Fähigkeiten und Balance bewiesen, geht es im nächsten Schritt auf die große Runde im Binnensee. Vom Wasserski-Lift gezogen gleitet man mit rund 30 Kilometern die Stunde über das Wasser.

Könner ziehen lässig ihre Bahnen, probieren das eine oder andere Kunststückchen, fahren Slalom, rutschen über Schanzen oder schlagen Saltos. Was richtige Profis so draufhaben, zeigt Betreiber Hans-Ott Vogt bei spektakulären Wasserski-Shows im Sommer und an vielen Feiertagen im Jahr. Dann kann das Publikum auf der Wasserterrasse waghalsige Sprünge über Schanzen sowie akrobatische Kunststücke bestaunen, wie etwa eine menschliche Pyramide aus sieben Personen auf Wasserski.

Auch an ganz normalen Tagen gibt es hier viel zu genießen, hausgemachten Kuchen etwa. Und Wasserskifahren – ob auf zwei Brettern oder einem – muss man nicht zwingend. Einfach zuschauen.

Adresse An der Werft 1a, 26434 Hooksiel, Tel. 04425/990180 | Öffnungszeiten www.skiterrassen.de | Tipp Das Wangerland ist ein Mekka des Wassersports, auch für große Touren weit hinaus aufs Meer. Mit dem Seekajak geht es etwa über die Slipanlage im Außenhafen von Hooksiel ins Wasser.

22 Die wehrhafte Warfkirche

Uralter Granit: die Mutter aller Wangerland-Kirchen

Viele Kirchen prägen das Wangerland. Wenn man durch den weiten und flachen Landstrich fährt, erheben sich selbst in den kleinsten friesischen Dörfern und Ortschaften stattliche Kirchbauten. Meistens thronen sie auf einer kleinen, auch als Friedhof dienenden Warf, was ihre ganze Erhabenheit noch ein Stückchen weiter erhöht.

Die Hügel schützen die Kirchengebäude und alles in ihrem Inneren vor den Naturgewalten, vor der unbändigen Nordsee und den vielen verheerenden Sturmfluten vor allem. Mit ihrem massiven Mauerwerk haben sie etwas Wehrhaftes. Sie wirken wie kleine Festungen, die seit Jahrhunderten den Widrigkeiten der Außenwelt trotzen. Kirchen, das waren schon immer Zufluchtsorte und Schutzräume für alles Leben, ob Mensch oder Vieh.

Die Kirche St. Sixtus und Sinicius in Hohenkirchen war lange Zeit die Mutterkirche des Wangerlands. Sie hat alle typischen Merkmale der zum Teil uralten friesischen Warfkirchen: Sie wurde bereits 1143 im romanischen Stil aus schweren Granitquadern errichtet. Den Langbau unterbrechen schmale, weiß gefachte Rundbogenfenster, die sehr hoch in der Wand ansetzen und fast bis unter das Dach reichen. Das Innere besteht aus einem einzigen großen Raum, der im Gegensatz zum schweren Äußeren durch seine Höhe erstaunlich leicht und hell wirkt. Das lange Kirchenschiff endet in einer halbrunden Apsis, die an der Altarseite angebaut ist.

Auffällig: St. Sixtus und Sinicius hat keinen hohen Kirch- und Glockenturm. Nur ein spitzes Turmhäuschen mit einem kleinen Glöckchen ziert das Dach. Die großen Glocken befinden sich in einem separaten Bau, dem Glockenhaus. Das ist oft bei den friesischen Warfkirchen zu beobachten. Dahinter stecken bautechnische Gründe: So können die starken Schwingungen, die beim Glockenläuten entstehen, keine Bauschäden am Kirchengebäude anrichten. In Hohenkirchen sind es drei Klöppel, die im Glockenhaus zum Gottesdienst schlagen.

Adresse Kattrepel 1, 26434 Wangerland-Hohenkirchen, Tel. 04463/55005 | Öffnungszeiten Ostern–Ende der Herbstferien Mo–Fr 9–17 Uhr | Tipp Es lohnt der Besuch eines Konzerts im Sommer: Die Orgel ist eine Kostbarkeit von 1694/99, erbaut von Joachim Kayser, einem Schüler des berühmten Orgelbaumeisters Arp Schnitger.

23 Der Windpark im Meer

Weithin sichtbar: der Offshore-Windpark Nordergründe

Wenn man an der Küste des Wangerlands steht und auf das offene Meer schaut, dann sieht man es in der Ferne im Blau zwischen Meer und Himmel weiß blitzen. Das ist der Offshore-Windpark Nordergründe, der seit 2017 in Betrieb ist. Er befindet sich im Mündungsgebiet der Weser, noch in der Zwölf-Seemeilen-Zone und 30 Kilometer nördlich von Wilhelmshaven. Aber er ist nur 15 Kilometer östlich von Wangerooge entfernt und von dort, wie auch von Schillig, Horumersiel oder Hooksiel, gut zu sehen. Der Netzanschluss an Land erfolgt durch den Übertragungsnetzbetreiber Tennet über das Umspannwerk in Inhausen westlich vom Voslapper Groden in Wilhelmshaven.

Auf einer Fläche von gut sechs Quadratkilometern erledigen 18 Windenergieanlagen auf dem Meer ihre Arbeit. Jede Anlage erbringt eine Einzelleistung von 6,15 Megawatt, insgesamt werden 110 Megawatt Strom erzeugt. Hersteller ist die Firma Senvion, viele Firmen aus Deutschland waren bei dem Bau im Jahr 2016 beteiligt. Dabei haben die geringe Wassertiefe von nur zwei bis zehn Metern die Ingenieure vor eine besondere Herausforderung gestellt. Es mussten mehrfach Spezialschiffe eingesetzt werden, um den Offshore-Windpark in dem schwierigen Seegebiet zu montieren.

In Zukunft werden wir deutlich mehr Strom verbrauchen als heute. Das ist der äußerst stromintensiven Herstellung von grünem Wasserstoff geschuldet. Von 568 Terawattstunden 2019 auf inzwischen geplante 680 bis 750 Terawattstunden 2030 wird der Verbrauch ansteigen. Bei der Erzeugung soll Windenergie verstärkt zum Einsatz kommen: Sie soll von 62 Gigawatt installierter Leistung in Deutschland 2020 auf 120 bis 150 Gigawatt bis 2030 steigen. Offshore-Anlagen haben aber immer das Problem, dass Stromtrassen an Land geführt werden müssen. Und das kann im UNESCO-Welterbe Wattenmeer nicht selten zu unerwünschten Nebenwirkungen für die Natur führen.

Adresse 30 Kilometer nördlich von Wilhelmshaven, 15 Kilometer östlich von Wangerooge | Tipp Nicht weit entfernt vom Offshore-Windpark kann man auch gut den rot-weißen Leuchtturm Alte Weser oder dessen Vorgänger, den hohen Leuchtturm Roter Sand, am Weserfahrwasser erkennen.

24 Das Wrack im Wattenmeer

Leuchttürme kieken rund um das Schillighörn

Während das ostfriesische Wattenmeer vor allen Dingen mit seinen vielen geführten Wattwanderungen zu Inseln punkten kann, hat das dem Wangerland vorgelagerte Wattenmeer aufgrund seiner besonderen Lage im Mündungsgebiet zu Jade und Weser andere Spezialitäten zu bieten.

Eine der Attraktionen der Wangerländer Wattführungen: ein Wrack, das bei der gewaltigen Sturmflut von 1962 vor Schillig gestrandet ist. Es ist nur bei Ebbe im Rahmen einer Wattwanderung zu sehen. Dann ragt die komplette Backbordseite des ehemaligen Frachtschiffs, das einst Baumaterialien für die Insel Mellum geladen hatte, aus dem Grund. Mittlerweile ist es tief eingesunken im Schlick, sein Bauch schon mit Grünalgen übersät.

Wattführer Jens Schake kennt die Stelle sehr gut. Er ist einer der Guides, die vom Treffpunkt der »Wattführergruppe Wangerland« am Hauptstrand von Schillig in ihr einzigartiges Revier ziehen. Er bietet auch Touren zur Vogelschutzinsel Minsener Oog an, doch seine Spezialität sind Leuchttürme. »Leuchttürme kieken« heißt eine ganz besondere Tour, die er entwickelt hat. Denn dazu eignet sich wohl keine Gegend Deutschlands besser als die Wattenmeerküste rund um das Schillighörn.

Ausgestattet mit vielen Ferngläsern kann man bei dieser Wattwanderung die unglaubliche Zahl von zehn Leuchttürmen entdecken, darunter den bis heute für die Schifffahrt äußerst wichtigen Leuchtturm Hohe Weg (siehe Ort 74) auf dem Wattrücken vor Butjadingen oder den bekannten Turm Roter Sand, der weit draußen in der Nordsee am Weserfahrwasser liegt. Seit 1986 ist er nicht mehr in Betrieb, dafür leuchtet der Leuchtturm Alte Weser den Weg. Selbstverständlich gilt der Fernblick der Wattwanderer auch den drei markanten Hochbauten auf Wangerooge: dem Westturm aus Backstein, in dem einst das erste Leuchtfeuer an der Nordseeküste brannte, sowie dem Alten und dem Neuen Leuchtturm (siehe Ort 1).

Adresse Wattwandertreffpunkt am Strand, 26434 Schillig | Öffnungszeiten abhängig von Gezeiten, Infos und Anmeldung über www.nordsee-oder-watt.de | Tipp Eine Herausforderung ist die Wattwanderung zum Leuchtturm Arngast mitten im Jadebusen. Das Abenteuer startet in Dangast (siehe Ort 52).

25 Die Blaudruckerei

Das blaue Wunder kann man hier noch erleben

Seit 2018 ist er von der UNESCO aufgenommen in die Liste des immateriellen Weltkulturerbes: der Blaudruck. Mit der Blaudruckerei Im Kattrepel findet sich im friesischen Jever einer der wenigen Orte in Deutschland, an denen man diese selten gewordene Kunst noch pflegt. Eine junge Dame, Sabrina Schuhmacher, hat die historische Werkstatt in der Altstadt übernommen und ist in die Fußstapfen von Georg Stark getreten.

Der hatte fast zeit seines Berufslebens zu der alten Kulturtechnik geforscht und seine Erkenntnisse in die Praxis umgesetzt, in wunderbare Textilien aus Leinen, Baumwolle, Hanf, Samt und Seide. Tausende Besucher hat er eingeführt in das historische Drucken wie Färben und direkt am Objekt demonstriert, wie die kunstvollen weißen Muster in das dunkle Blau der Stoffe kommen.

Ein irritierender Name: Blaudruck. Denn in Blau gedruckt wird bei der historischen Technik rein gar nichts. Bedruckt werden genau genommen die Stellen vom Stoff, die später ungefärbt und damit Weiß bleiben sollen. Dazu nimmt man eine klebrige Masse, den sogenannten Druckpapp, und streicht sie auf mit Mustern verzierte Druckstöcke, die Modeln. Blau kommt erst sehr viel später ins Spiel, wenn der mit der schützenden Reserve behandelte Stoff zum Färben in die Indigo-Küpe getaucht wird.

Die ist in der Werkstatt Im Kattrepel drei Meter tief in den Boden eingelassen und sorgt dafür, dass die Stoffbahnen frei hängen und so eine gleichmäßige Indigo-Färbung entsteht. Aus dem Färbebottich kommt der Stoff allerdings nicht blau, sondern grün! Das sprichwörtliche blaue Wunder geschieht beim Kontakt mit der Luft.

Der Reiz des Blaudrucks kommt durch die in die Holzmodeln kunstfertig geschnitzten Muster. Rund 700 alte Druckstöcke umfasst die Sammlung in Jever, von denen circa 500 historische Motive druckbar sind – ein wahrer Schatz, aus dem hier in Zukunft weiter geschöpft wird.

Adresse Kattrepel 3, 26441 Jever, Tel. 04461/71388 | Öffnungszeiten Mo–Fr 11–17 Uhr, Sa 10–14 Uhr, www.blaudruckerei.de | Tipp Die Nachbarschaft der Blaudruckerei und Jevers Altstadt laden zu einem stimmungsvollen Bummel ein, durch enge Gassen wie den Blaufärbergang.

26 Die drei Türme aus Glas

Das Friesische Brauhaus: eine Million Hektoliter im Jahr

Jever ist wohl den meisten bekannt durch sein Pilsener, das friesisch-herbe Bier, das wie kein anderes für Frische, Freiheit und »Sich-einfach-mal-fallen-lassen« steht. Weithin prägen die gigantischen Tanks vom Friesischen Brauhaus das Ortsbild in »Malzhattan«. Doch wie kommt das berühmte Jever Bier eigentlich in die hohen Türme?

In der Mälzerei fängt alles an. Dazu wird in Jever Gerste gewaschen, sortiert und schließlich mit Wasser zum Keimen gebracht, das Grünmalz. Beim anschließenden Trocknen, dem Darren, bestimmt der Mälzer über die Temperatur die Farbe des Malzes und damit des späteren Biers. Man spricht auch vom »Körper des Biers«. Damit wird der Grundstein für das fertige Pils gelegt.

Im Sudhaus geht's weiter, dort passiert das eigentliche Brauen: Das Gerstenmalz wird mit Wasser vermischt, wobei aus der Malzstärke vergärbarer Zucker entsteht. Danach wird im Läuterbottich die flüssige Würze von festen Bestandteilen, dem Treber, getrennt. In der Würzepfanne kommt der Hopfen dazu und wird etwa eineinhalb Stunden lang mit der Würze verkocht. Je mehr Hopfen im Kessel, umso herber schmeckt später das Bier.

Insgesamt hat der Braumeister in Jever eine Kapazität von 92.000 Litern pro Sud und für neun Sude am Tag. Nach dem Kochen werden weitere Trübstoffe entfernt, bevor die Würze heruntergekühlt wird. Die Hefe wird ganz zum Schluss hinzugefügt. Erst sie wandelt den Malzzucker in der Würze in Kohlensäure und Alkohol um. Das Jever Pilsener ist ein untergäriges Bier, da genügen Temperaturen zwischen vier und neun Grad Celsius.

Die Hefe sammelt sich unten im Gärtank. Das Jungbier dagegen landet nochmals gefiltert im Lagertank. Im Friesischen Brauhaus gibt es 15 senkrecht aufgestellte Tanks mit einem Fassungsvermögen von jeweils 240.000 Litern. Fünf von ihnen fügen sich ummantelt von Glas jeweils zu einem der drei hoch aufragenden Brauereitürme.

Adresse Elisabethufer 18, 26441 Jever, Tel. 04461/130 | Öffnungszeiten Jever-Shop Mo–Fr 10–18 Uhr, Sa 10–14 Uhr | Tipp Ein absolutes Event-Highlight ist das Brauereihoffest. Seit Corona musste es ausfallen, ausgerechnet auch 2023, im Jahr des 175. Firmenjubiläums. Da hilft nur noch ein Ausflug in den Shop (www.jever.de) oder den Brauereiausschank.

27 Im Turm vom Schloss Jever

Die Einkerbungen für die Gauß'sche Landesvermessung

Wir schauen jetzt ausnahmsweise nicht von außen auf die Turmspitze des prächtigen Schlosses in Jever, das zu den schönsten Baudenkmälern im Nordwesten zählt. Wir betrachten nicht die große barocke Haube, die die Fürsten von Anhalt-Zerbst 1736 auf den alles dominierenden, massiven Bergfried in der Mitte setzten, einen bereits aus dem 14. Jahrhundert stammenden Bau. Wir blicken nicht auf die vergoldete Fahne, die in 67 Meter Höhe den Abschluss des markanten, schieferbedeckten Zwiebelturms bildet, der sich weithin sichtbar über Friesland erhebt.

Unser Blick geht ins Innere des Turms, direkt unter die Kuppel. Hier zeigt sich in ganzer Pracht das hölzerne Trägerwerk, ein Meisterwerk der Zimmermannskunst. Und wenn man genau hinschaut, sieht man im tragenden Balken rechts auf Augenhöhe einen rechtwinkligen Einschnitt. Diese Kerbe im alten Holz stellte sich 2021, anlässlich der Forschungsarbeiten rund um das 200-jährige Jubiläum der »Königlich Hannoverschen Landesvermessung« durch Carl Friedrich Gauß, als eine kleine Kostbarkeit heraus.

Wie André Sieland vom Landungsvermessungsamt in Hannover, Spezialist für die originalen Vermessungspunkte der historisch berühmten Expedition, herausfand, wurde sie 1825 eingeschlagen, um dem »Vermesser der Welt« höchstpersönlich die genaue Peilung hinüber auf die östliche Seite des Jadebusens zu ermöglichen (siehe Ort 80). Sein engster Mitarbeiter, Georg Wilhelm Müller, hatte ihm bei der sorgfältigen Vorbereitung des Beobachtungsplatzes in einem langen Brief vom 30. Mai des Jahres aus Jever berichtet: »Die Richtung nach Langwarden geht an der Westseite der Kuppel durch die Öffnung der daselbst befindlichen Tür.«

Und da ist sie noch heute zu sehen. Nur der Holzständer davor war damals ein wenig im Weg, wie Sieland durch eigene Messungen bestätigen konnte. Da hat man dann wohl ein bisschen nachgeholfen.

Adresse Schlossmuseum, Schloßplatz 1, 26441 Jever, Tel. 04461/71388 | Öffnungszeiten winters und sommers unterschiedlich; Schlossturm nur im Sommer zu besichtigen, www.schlossmuseum.de/museumsbesuch | Tipp Ein Spaziergang durch den Schlosspark von Jever: Nach dem Vorbild englischer Landschaftsgärten angelegt, bildet er mit dem Schloss ein einzigartiges Ensemble.

28 Der Klosterpark

Das grüne Juwel auf historisch bedeutendem Grund

Ganz zauberhaft ist dieses Gelände, das auf jeder Karte von Schortens sofort zu erkennen ist: das grüne Rund des Klosterparks. Wie der Ortsteil heute, Oestringfelde, hieß auch das Kloster, das 1175 errichtet wurde. Es war über viele Jahrhunderte das sakrale Zentrum der Region. An diesem Ort soll der Sage nach der Missionar Willehad im Dienste Karls des Großen bereits 781 Friesen zu Christen getauft haben. Genau dort, wo sich heute mitten im Park mächtige Quader aus Granit erheben. Von dem ehemaligen Kloster, das bis 1596 ein Nonnenkonvent war, ist bis auf die Steinreste nichts mehr zu sehen. Dennoch strahlt alles viel Magie aus. Vielleicht liegt es an den uralten Bäumen, die sich rundum erheben?

Mächtige Bäume gibt es reichlich auf dem gut fünf Hektar großen Gelände: 19 unterschiedliche Gehölze zählt man insgesamt, darunter Esskastanie, Lärche, Zuckerahorn, Blutbuche, Esche, Stieleiche, Winterlinde und Feldulme – auch eine fast tausendjährige Eibe.

Der Klosterpark stammt nicht aus der Zeit des Klosters, sondern ist erst im 19. Jahrhundert entstanden. Er wurde ab 1839 vom neuen Besitzer, dem Hofrat Heinrich Georg Ehrentraut aus Jever, nach englischem Vorbild errichtet. Das Rund ist umgeben von einem Ringgraben und einer Wallhecke. Durch die Mitte schlängeln sich viele Wege, eröffnen immer neue Ausblicke auf die hinreißend gestaltete Landschaft.

Der heutige Klostergarten ist noch viel jüngeren Datums. 1995 wurde eine circa 2.500 Quadratmeter große Fläche zu einem Bauerngarten mit Kreuzgang umgestaltet, der durch idyllische Laubengänge und Torbögen mit rankenden Rosen führt. Er ist zugleich auch ein Bildungsort in der Natur, für Erwachsene wie Kinder, in dem das Regionale Umweltzentrum (RUZ) Schaubeete für beispielhaften Anbau und die Gestaltung naturnaher Gärten vorstellt, zudem Insektenhotels und Duftbeete für Bienen und Schmetterlinge zeigt.

Adresse Ginsterweg 10, 26419 Schortens (oder über die Seitenstraße Am Klosterpark) | **Öffnungszeiten** öffentlicher Park, jederzeit zugänglich | **Tipp** In Schortens lohnt sich auch der Blick auf die älteste sicher datierbare Steinkirche der ostfriesischen Halbinsel, die St.-Stephanus-Kirche von 1153.

29 Das LOK Kulturzentrum

Kreative Vielfalt: Theater, Kunst, Fotografie und mehr

Als Treffpunkt für Kunst und Kultur in ganz Friesland versteht sich ein Haus in Jever, das eine Institution für alle kreativen Geister der Region ist: das Kulturzentrum im Lokschuppen, dem ehemaligen und historischen Gebäude der Bahn. Daher der Name LOK Kulturzentrum, den auch der dahinterstehende Verein seit 2021 trägt. Keimzelle von allem ist das 1990 gegründete Künstlerforum Jever e. V., das damals schon mehr Kultur und Kreativität in die friesische Kleinstadt bringen wollte. Die Mission wurde erfüllt, das kann man rückblickend wohl sagen.

Denn hinter alten Backsteinmauern und großen bunten Sprossenfenstern tobt heute eine lebendige Szene und bietet ein Programm mit Spannweite: Bildende wie darstellende Künste präsentieren sich unter einem gemeinsamen Dach. Das vom Lokschuppenbau ist weit und hoch, und bildet für Aufführungen aller Spielarten, ob Theater, Lesungen oder Klassikkonzerte, einen großartigen Raum mit viel Atmosphäre. Auf den drei Ebenen des Zuschauerraums haben über 120 Personen Platz. Die Darsteller und Sänger stehen auf einer Bühne, die ehemals der Boden eines Großraumwaggons der Deutschen Bahn war und quer zu den alten Gleisen aufgebaut wurde.

Neben lokalen Musikern treten Interpreten aus ganz Deutschland und der Welt auf: Ob Solokünstler oder Bands, Pop, Rock, Jazz, Swing bis hin zu Heavy Metal – im Programm ist alles zu finden, darüber hinaus das Kinoprogramm des Vereins Kinofreunde Friesland.

Das Jever ArtEnsemble ist die hauseigene Theatergruppe, regelmäßig probt dienstags der »Chorus Lokemotion«, und in den Kunstwerkstätten sind die verschiedensten Disziplinen zu Hause: ob Malerei oder Grafik, Druck oder Radierung, Ton oder Bildhauerei. Die Fotografie hat in den oberen Stockwerken eigene Ausstellungsflächen. Im LOK Kulturzentrum ist jede Menge Platz – um Kunst zu genießen oder selbst aktiv zu werden.

Adresse Moorweg 2, 26441 Jever, Tel. 04461/700815 | Öffnungszeiten Programm und Termine zu Theater, Konzerten, Kino und Ausstellungen auf www.lok-jever.de | Tipp Wer nicht nur konsumieren will, kann einen der vielen Workshops besuchen. Für die meisten Kurse benötigt man keine Vorkenntnisse, mehr Infos dazu auf der Webseite.

30 Das Mühlenensemble

In Accum wird manchmal Korn gemahlen und oft gebacken

Die Accumer Mühle ist die älteste in Friesland, errichtet im Jahre 1746. Noch ein bisschen älter ist die nur wenige Kilometer entfernte Peldemühle in Wittmund. Mit Baujahr 1741 ist sie der älteste Galerieholländer Deutschlands, der noch zu großen Teilen funktionstüchtig ist. Doch sie steht schon in Ostfriesland, und in diesem Buch dreht es sich um den Jadebusen und damit ausschließlich um traditionelles Kulturgut aus dem friesischen Landkreis.

Bei der Mühle in Accum handelt es sich ebenfalls um einen Galerieholländer mit vier Flügeln – der am meisten verbreitete Windmühlentyp an der Nordseeküste, einst von Niederländern importiert. Oben an der Kappe befindet sich eine Windrose, durch die das Flügelkreuz mit seinen 20 Meter Durchmesser automatisch richtig zum Wind gestellt wird. Das Gebäude ist eingeschossig, insgesamt misst die Mühle 16 Meter.

Bei der Sturmflut von 1962 wurde die Accumer Mühle stark beschädigt. 1977 begann man, sie grundlegend zu sanieren. Heute besitzt sie zwei voll betriebsfähige Mahlgänge, einen Sechskornsichter zur Mehlfeinsortierung und eine Haferquetsche. Der Heimatverein Schortens und sein 1987 gegründeter Arbeitskreis, der spätere Mühlenverein Accum, zeigten von Anfang an großen Einsatz – für das gesamte Ensemble. Denn es wurde auch die große Scheune von 1846 vollständig restauriert, heute Café und Veranstaltungsraum, manchmal sogar Standesamt. Seit 1990 gibt es auf dem Gelände zudem ein Backhaus mit einem nachgebauten Tunnelbackofen.

Mit Mühle, Scheune und Backhaus verfügen der Verein und die Gemeinde Schortens über eine einmalige Anlage, die den gesamten Werdegang vom Korn zum Brot praktisch und theoretisch zeigen kann. Der Verein organisiert jeden dritten Sonntag Backtage, und zu besonderen Anlässen, wie dem bundesweiten Mühlentag, drehen sich auch die Flügel der Mühle wieder malerisch im Wind.

Adresse An der Mühle 15, 26419 Schortens, Tel. 04461/720000 | Öffnungszeiten April–Okt. So 14–17 Uhr | Tipp Eine weitere geschichtsträchtige Mühle kann man an der Einfahrt zu einem anderen Ort der Gemeinde Schortens sehen, allerdings en miniature: In Heidmühle steht ein Nachbau des Galerieholländers, der sich bis 1913 dort drehte, halb so groß wie das Original.

31 Die Wallhecken

Wiederentdeckt: die uralten Begrenzungen der Landschaft

Aus der Luft kann man sie am besten erkennen: die grünen Wälle, die die flache Geestlandschaft in Friesland wie auch in Ostfriesland manchmal kilometerlang durchziehen. Diese Wälle sind mit dichten Hecken und Bäumen bewachsen und bilden eine natürliche Einfriedung von Feldern und Wiesen. Eine undurchdringliche grüne Mauer, die jahrhundertelang den Menschen im Nordwesten zeigte: Hier ist die Grenze, das gehört mir! Die Grenzwälle erschwerten weidendem Vieh oder Wild das Eindringen in fremdes Gelände oder auf Nachbars Grundstück. Zudem lieferten sie Bau- und Feuerholz und schützten vor Wind und Bodenerosion.

Wallhecken sind Zeugen und Ergebnis traditioneller landwirtschaftlicher Nutzung und bilden eine besondere und erhaltenswerte Kulturlandschaft. Für die Landwirte unserer Tage sind sie oft störend im auf Effizienz getrimmten Tagesgeschäft, das auf Weite und Großflächigkeit angewiesen ist: Sie zergliedern die Landschaft in kleine Parzellen, konkurrieren um Licht, Wasser und Nährstoffe und brauchen eine aufwendige manuelle Pflege. Sie passen scheinbar nicht mehr in unsere Zeit.

Allerdings sind sie aus ökologischen Gründen wichtig für die heimische Flora und Fauna, als Ort, der Schutz, Deckung und Nahrung bietet. Hecken mit üppigen Kräutern und Sträuchern, sowohl Bäumen als auch Totholz bilden einen Lebensraum für 1.800 Pflanzen und 7.000 Tierarten. Daher sind intakte Wallhecken heute etwas Schützenswertes, für das es in Niedersachsen spezielle Förderprogramme gibt.

In Cleverns, einem im Südwesten von Jever gelegenen Ortsteil, sind besonders schöne Wallhecken anzutreffen. Hier gibt es sogar einen Lehrpfad, der über diese den Jadebusen so prägende Landschaftsform informiert. Auf 4,5 Kilometern geht es in einem Rundgang um den Ort. Auf kleinen Schautafeln wird informiert, 14 Stationen sind es insgesamt, die zum Beobachten der Natur einladen.

Adresse Startpunkt: Kleiweg an der Sandeler Straße, 26441 Jever-Cleverns | Tipp Der Wallheckenlehrpfad ist Teil des Radwanderwegs Harlebucht. So lässt sich die Tour zu den Wallhecken gleich um einen Ausflug in die Marsch erweitern.

32 Der Wissensschatz

Historisches Juwel: die Bibliothek des Mariengymnasiums

Maria von Jever hätte sich sicher sehr gefreut. Im 500. Jahr nach ihrer Geburt, im Mai 2000, wurde die neue Bibliothek des Mariengymnasiums eingeweiht. Die Bildungseinrichtung wurde noch von ihr selbst 1573 als Lateinschule gegründet, was sie schon zu etwas ganz Besonderem macht. Einzigartig in der gesamten Region zwischen Ems und Jade ist sie aber wegen ihres reichen und bis zurück in die Renaissance reichenden Buchbestands.

Über die Jahrhunderte hat sie durch großzügige Schenkungen und Zusammenlegung mit wertvollen Bänden aus dem Schloss Jever den Ruf als »Landesbibliothek des Jeverlands« gewonnen. »Ein Kosmos von Wissensdurst und Gelehrsamkeit, Macht und Pracht«, hat sie der ehemalige Bibliotheksleiter Hartmut Peters beschrieben. 38.000 Titel umfasst der Bestand, der älteste Band stammt von 1491. Jährlich kommen mehr als 300 neue Werke hinzu.

Seit 2014 hütet Bibliotheksleiterin Anja Belemann-Smit den einmaligen Schatz. Sie hat einen speziellen Bezug zu jenem, der als Geburtshelfer der Idee gilt, aus den Buchbeständen eine Bibliothek zu entwickeln: Über den Reformpädagogen Christian Heinrich Wolke hat sie ihre Doktorarbeit geschrieben. 1802 schenkte Wolke seiner ehemaligen Schule über 200 Bände seiner privaten Sammlung und gab ihr mit den Worten »für die hoffentlich bald entstehende Bibliothek der Jeverschen Provinzialschule« den entscheidenden Fingerzeig.

Bedeutend war ein Zuwachs von 1819: Man erhielt die Bibliothek von Remmer von Seediek, ein Zeitgenosse der Maria von Jever, genauer gesagt ihr Verwaltungschef und Geschichtsschreiber; zudem die Sammlung von Johann Ludwig von Anhalt-Zerbst, der Prachtstücke aus barocker Zeit und Hofhaltung einbrachte. Heute befinden sich diese historischen Raritäten in einem besonders gesicherten Raum innerhalb der 420 Quadratmeter großen Schulbibliothek, zusammen mit kostbaren Folianten, uralten Landkarten und Reihen prächtiger Lederbände.

Adresse Terrasse 3, 26441 Jever, Tel. 04461/931329 | Öffnungszeiten Mi 15.30–17 Uhr | Tipp Empfehlenswert sind die regelmäßigen Führungen der Bibliotheksleitung: Infos und Termine unter www.foerderverein-bibliothek.de, telefonische Anmeldung bei der Tourist-Information, Tel. 04461/939261.

33 Der Wüppgalgen

Hochnotpeinlich: Bestrafung für kleine Sünderlein

Was man rechts sieht, sieht aus wie ein Galgen, ist aber kein echter. Zum einen, weil man sich nicht mehr vor ihm fürchten muss, zum anderen, weil am Ende der waagerechten Gabel ein Kasten aus eisernen Gitterstäben baumelt. Mannshoch, wie ein zu groß geratener Vogelkäfig. Darin sperrte man einst in Jever keine gefiederten Wesen ein, sondern Menschen. Schräge Vögel? Vielleicht. Jedenfalls Personen, die sich nicht ganz so wohlgefällig verhielten, wie vorgesehen, die aber vor dem Gesetz keine schlimme Straftat vollbracht hatten.

Das war aber noch nicht alles. Nicht nur, dass man weithin sichtbar oben am Galgen baumelte, vielmehr ging es zur Strafe mitunter im Käfig im Sturzflug ins Wasser hinab, im Winter auch in das sehr kalte Nass des Wassergrabens. Je nachdem, was man angestellt hatte, durchaus auch mehrmals. Der Käfig hing an einer Kette, die sich über eine Winde rauf und runter ziehen ließ.

In den schwenkbaren »Wüppgalgen« eingesperrt zu werden, war für jeden und jede eine hochnotpeinliche Angelegenheit. Häufig wurden auch Frauen bestraft und bloßgestellt, die man der »ausschweifenden Lebensweise« überführt hatte. 1603 wurde die Konstruktion errichtet. Bis zur Mitte des 18. Jahrhunderts war sie als abschreckende Maßnahme in Betrieb.

Die Bestrafung war ein Akt niederer Gerichtbarkeit, vollzogen von den Stadtdienern Jevers. Sie gehörte zu den sogenannten Spottstrafen, denn der war einem garantiert sicher, wenn man vor johlender Menge zu Wasser gelassen wurde. Der Käfig des Wüppgalgens war ursprünglich aus Holz. Er befand sich früher auf dem gegenüberliegenden Ufer, am heutigen Von-Thünen-Ufer, und damit am Rande des Alten Markts. Ebenda stand tatsächlich auch der echte Galgen, der das Leben kosten konnte. Das Trio infernale der öffentlichen Vollstreckungsorte komplett machte der »Kaak«: der Pranger, von dem die Kaakstraße ihren Namen hat.

Adresse Fräulein-Marien-Straße, Höhe Kleine Rosmarinstraße, 26441 Jever | Tipp »Schöfeln« nennt man am Jadebusen das Schlittschuhlaufen. Wenn man einen der seltenen frostigen Winter erwischt, dann sollte man auf jeden Fall über die zugefrorenen Kanäle sausen. Das gibt's nur hier im Norden – eine kilometerlange Rennstrecke.

34 Der Bootssteg am Kanal

Sportlich: mit Paddel und Pedal durch Friesland

Ganz Friesland ist durchzogen von Wasser: von vielen Kanälen und zahllosen Tiefs, die das Land entwässern. Eine besonders schöne Art, das Binnenland zu durchstreifen, ist der Weg über diese blauen Wasseradern. Über die ostfriesische Halbinsel verteilt findet sich ein Netz an Paddel- und Pedalstationen. Wie der Name schon sagt, kann man einfach zwischen Kanu und Fahrrad wechseln, von der Radtour zu einer Bootstour durchstarten. Solche Kombinationstouren sind sehr beliebt. Das gesamte Equipment lässt sich leihen oder ergänzen, und schon kann es losgehen zu einem Ausflug der sportlichen Art.

Sande hat den Vorteil, direkt am Ems-Jade-Kanal zu liegen, an einem Hauptwasserweg, der die beiden großen Hafenstädte Emden, ganz in Westen, und Wilhelmshaven, ganz im Osten der ostfriesischen Halbinsel, verbindet. Eine Spitzenlage für die Paddel- und Pedalstation in Sande. Hinzu kommen der Wohnmobil-Stellplatz am Eingang und die Nähe zur Freizeitanlage Sander See. Das alles sorgt für die große Beliebtheit der Steganlage. Sie wurde mehrfach zur erfolgreichsten im Verbund gekürt. Denn die Sander Paddel- und Pedalstation hat zudem einen ausgesprochen herzlichen Service. Sie ist ein inklusives Projekt, das von den Mitarbeitern und den Bewohnern zweier Heime der Gemeinde mit viel Engagement betreut wird.

Als Anfänger unter den Wassertouristen muss man auch nicht ins rote Kanu steigen und gleich die längste Strecke in Angriff nehmen: Die ist ganze 60 Kilometer lang und führt circa 15 Stunden westwärts nach Emden. In der Gegenrichtung liegt auch ein attraktives Ziel, der große Hafen von Wilhelmshaven, 8,2 Kilometer entfernt und in zwei Stunden zu erreichen. In dieser Richtung winkt der Anleger für eine erste Pause auch schon nach 2,4 Kilometern, eine halbe Stunde nach Ablegen – sagt einer der blauen Wegweiser am Bootshaus. Das sollte doch zu schaffen sein!

Adresse Hauptstraße, beim Wohnmobilplatz am Ems-Jade-Kanal, 26452 Sande, Tel. 0491/91969630 | Tipp Mit geplanten neuen Paddel- und Pedalstationen für den Wassersport in Jever und Hooksiel werden Kanutouren in Friesland um zwei attraktive Ziele reicher werden. Infos unter www.paddel-und-pedal.de.

35__Der Flugplatz

Am JadeWeserAirport erlebt man Fliegen hautnah

Der Flughafen von Wilhelmshaven gehört zur Gemeinde Sande und liegt direkt an der Grenze, im Südwesten der Marinestadt. Er heißt JadeWeserAirport, fast so wie der JadeWeserPort, der große Tiefwasser-Containerhafen am Jadefahrwasser. Das klingt gut, ist allerdings leicht irreführend, wenn man den recht überschaubaren Flugplatz Mariensiel vor Augen hat. Er ist kein Passagierflughafen, sondern einer, der nur von kleinen Privat- und Geschäftsfliegern angesteuert wird.

Daher gibt es auch kein Terminal für Passagiere. Wer hier ankommt, erklimmt den kleinen Tower aus Backstein mit dem gelben Ausguck oben, meldet sich bei der Flugplatzleitung an und zahlt die erforderlichen Landegebühren. Im Tower selbst geht es nüchtern zu, alles ist sehr praktisch gehalten und leicht in die Jahre gekommen.

Dafür ist man draußen nahe am Geschehen. Es trennen einen nur ein Gitter und ein paar Meter Flugplatzasphalt vom Vorfeld. Man sieht den Hubschrauber des ADAC landen und abheben. Kleine Propellermaschinen verlassen ihre Parkplätze, andere Piloten warten auf Anweisungen aus dem Tower. Wer als Zuschauer länger verweilen möchte, kann auf Sitzbänken Platz nehmen. Wem es zu kalt ist oder wer Hunger hat, wird sich im Bistro-Café Air-Line wohlfühlen, das ebenfalls einen freien Ausblick auf das Vorfeld ermöglicht. Für das Zwei-Bahnen-System des Flugplatzes sind Flächenflugzeuge bis 14 und Hubschrauber bis zu 20 Tonnen zugelassen. Es landen aber auch Motorsegler und Ultraleichtflugzeuge.

Auf dem JadeWeserAirport zu Hause ist auch die Motorfluggruppe Wilhelmshaven-Friesland. Der Verein sitzt in einem Nebengebäude: »Lernen Sie fliegen«, fordert er auf und bietet Schulung, Clubflüge und Selbstkostenflüge. Das ist wohl die Gelegenheit, dann doch einmal abzuheben und einen der phantastischen Rundflüge über das glitzernde Wattenmeer und die Inseln zu machen (www.motorfluggruppe.de).

Adresse Flugplatz 1, 26452 Sande, Tel. 04421/202333, www.jadeweserairport.de | Tipp Bei einem Schlenker in den nahe gelegenen Ort Mariensiel, der natürlich nach der berühmten Regentin, Fräulein Maria von Jever, benannt ist, kann man das historische Sieltor von 1876 sehen.

36 Der hohe Turm der Maria

Gut Altmarienhausen: beispielhaft im Biosphärenreservat

Der Marienturm in Sande ist nicht nur das Wahrzeichen des Orts, sondern auch ein beliebter Ausguck, um von ganz oben über das weite Land zu blicken. Das strahlend weiße Gemäuer ist das höchste und älteste im heutigen Gut Altmarienhausen. Keine Geringere als die Landesherrin Maria von Jever hatte sich aus dem ursprünglichen »Grashus up dem Sande« um 1570 herum einen schlossartigen Sommersitz errichtet. 1822 wurde er wegen Baufälligkeit schließlich abgerissen. Übrig blieb neben dem hohen Turm nur noch der alte Schlossbrunnen.

Beide stehen heute im historischen Mittelpunkt einer Anlage, die ganz modern zu einem Ort für die Vermittlung von Wissen über Ökologie und Nachhaltigkeit auf der einen und alter lokaler Kultur- und Handwerkstechniken auf der anderen Seite ausgebaut wurde. Denn das Gut Altmarienhausen ist eines der Vorzeigeprojekte der Nationalparkverwaltung Niedersächsisches Wattenmeer bei der Entwicklung der Region zu einem Biosphärenreservat. Sande ist diesem 2007 beigetreten und setzt seitdem dessen zentralen Leitgedanken um.

Selbst erleben, erfahren und entdecken stehen hier im Vordergrund aller Pädagogik: Man wird eingeladen, den Biosphärenweg entlang der alten Graft zu spazieren, dem Brummen der vielen Insekten auf dem Bienenlehrpfad zu lauschen, die Streuobstwiesen mit über 70 Bäumen zu erkunden oder durch den Naturgarten zu schlendern und Ideen für mehr Artenvielfalt im eigenen Heim zu sammeln. Man kann im »Küsteum«, der umgebauten großen Scheune, eine Reise in die Vergangenheit, das Leben und die Arbeit der Menschen früher unternehmen, zudem eine noch voll funktionsfähige alte Schmiede anschauen.

Für verträumte Gemüter lädt der alte Brunnen ein, neben der Wasserversorgung romantisch an die Geschichte vom Froschkönig zu denken. Hier kann es ganz schön märchenhaft zugehen. Vielleicht lässt ja Rapunzel vom Marienturm ihr Haar herunter, wer weiß.

Adresse Alt-Marienhausen 2, 26452 Sande, Tel. 04421/3708041 | Öffnungszeiten Küsteum Fr 14–17, Sa/So und feiertags 14–18 Uhr, Schmiede So 14–17 Uhr, Außengelände ganzjährig | Tipp Von Sande aus lassen sich bestens Fahrradtouren in die Umgebung unternehmen, etwa entlang des Umweltparcours Klimapfad Sande.

37 Der jüdische Friedhof

Ein ganz besonderer Erinnerungsort

Einen Dukaten und eine Gans pro Person und Jahr – dafür erhielt man als Jude oder Jüdin in Neustadtgödens seit 1660 einen Schutzbrief der »Herrlichkeit Gödens«. Damit durfte man sich frei bewegen, Handel betreiben und einen jüdischen Gottesdienst abhalten. Ein Handwerk auszuüben, war Juden damals generell untersagt. Häufig fanden sie in der ländlichen Region als Schlachter und Viehhändler Beschäftigung.

Jedenfalls stieg ihre Zahl in Neustadtgödens stark an: Zur Mitte des 19. Jahrhunderts war jeder vierte Bewohner des Orts jüdischen Glaubens. 1852 wurde ihnen der Bau einer Synagoge gestattet. In dem klassizistischen Gebäude mit Rundbogenfenstern und einem hohen Satteldach mitten im Ort konnten sie über viele Jahrzehnte ihre Gottesdienste feiern – bis sie der Holocaust im 20. Jahrhundert vernichtete.

Der jüdische Friedhof wurde schon sehr viel früher, bereits 1708, angelegt. Wie es die Tradition vorschreibt, liegt er nicht in der Stadt, sondern etwas außerhalb, auf freiem Gelände zwischen Neustadtgödens und Schloss Gödens. Ein zweiflügeliges Tor mit Davidstern auf der einen und einem siebenarmigen Leuchter auf der anderen Seite markiert den Eingang zu einem von hohen Bäumen umrahmten grünen Hain.

Dort befinden sich leicht erhöht lange Reihen ordentlich aufgestellter moosgrüner Grabsteine. Wie einer Tafel zu entnehmen ist, standen sie nicht immer in gerader Linie da, sondern wurden im Zweiten Weltkrieg zweckentfremdet und erst später wieder aufgerichtet. Eine nicht zu verzeihende Störung, denn nach dem jüdischen Glauben ist jedes Grab für die Ewigkeit angelegt.

Auf manchen Grabsteinen liegen der jüdischen Tradition folgend kleine Steine, die man an Stelle von Blumen beim Besuch mitbringt. Der Friedhof wird, wenn auch äußerst selten, wieder für Beerdigungen genutzt – die letzte fand 1982 statt.

Adresse Marienburg, 26452 Neustadtgödens (Abzweigung von der B436 Richtung Schloss Gödens) | Tipp In Ergänzung zum Friedhof bietet sich der Besuch der ehemaligen Synagoge in der Kirchstraße 47 mit einer Dauerausstellung über jüdisches Leben in Neustadtgödens (April–Okt. letzter So 14–17 Uhr, Eintritt frei) an.

38 Das Justizgebäude

150 Jahre Landgericht der Herrlichkeit Gödens

Neustadtgödens gehört noch nicht allzu lange zu Friesland und zur Gemeinde Sande. Mehr als 400 Jahre, von der Gründung des Sielhafens im Jahr 1544 bis zur Gemeindereform von 1972, gehörte der Ort zu Ostfriesland. Die Herrscher von Ostfriesland, die Grafen und später Fürsten aus dem Geschlecht der Cirksena, saßen eigentlich im fernen Aurich und regierten von dort das Land. Es gab aber in Ostfriesland Gebiete, die vom ostfriesischen Herrscherhaus unabhängig waren: die sogenannten »Herrlichkeiten«. Wie die anderen auch, hatten die Besitzer der Herrlichkeit Gödens eine Reihe von Sonderrechten.

Dazu gehörte das Recht, die niedere Gerichtsbarkeit auszuüben, wozu sie einen Landrichter einsetzten. Von dieser Zeit zeugt das historische Landrichterhaus am Ortsrand von Neustadtgödens. Ab etwa 1600 tagte hier das Landgericht unter Vorsitz eines Richters, der in dem Gebäude auch lebte. Man behandelte überwiegend kleinere Delikte wie Verstöße gegen das Eigentumsrecht. Es konnte aber durchaus vorkommen, dass schwere Strafsachen verhandelt wurden, die schwere Leib- und mitunter auch Todesstrafen nach sich zogen.

Noch bevor die Preußen 1744 das Regiment in Ostfriesland übernahmen, zog die Gerichtsbarkeit wieder zurück in das Schloss Gödens. Knapp 150 Jahre hat diese Episode in der Ortgeschichte gedauert. Das große Backsteingebäude direkt an der Brücke über das Neustädter Tief wurde fortan als Privathaus genutzt.

Seit 1986 befindet sich im ehemaligen Landrichterhaus ein Museum, das eine Ausstellung zur besonderen Geschichte von Neustadtgödens anbietet. Und darüber hinaus Sonderausstellungen zu historischen Themen – etwa zum religiösen wie wirtschaftlichen Einfluss der zugezogenen Niederländer, die durch ihre Arbeit als Leinenhändler (Reeder) und insbesondere durch die Kunst der Leinenweberei ihrer neuen Heimat zu großer Blüte verhalfen.

Adresse Brückstraße 19, 26452 Neustadtgödens, Tel. 04422/4199 | Öffnungszeiten April–Okt. Di–Sa 14–17 Uhr, So 11–17 Uhr, Eintritt frei | Tipp Ein Spaziergang zum Sielhafen erinnert an die alten Handelszeiten: Die ankommenden Waren wurden im dortigen Waagehaus gewogen, worauf Gebühren fällig waren.

39 Die neue Stadt am Siel

Toleranz war der Grundstein des großen Aufschwungs

Auf schmuckem Back- oder Kopfsteinpflaster schlendert man durch die historischen Gassen von Neustadtgödens. Links und rechts eingerahmt von Häuserzeilen, in denen die Selbstständigen und Handwerker früher ihr Zuhause hatten. Wo sie genau lebten und arbeiteten, ist nachzulesen auf bunten Fahnen mit Gildeschildern, die entlang der Kirchstraße an den Häusern angebracht sind. So erfährt man, wo der »Chirurgus« seine Praxis hatte – auch an der Spritze im Wappen zu erkennen. Der »Kopperschmidt« Johannes zeigt im Emblem viele Kannen und Glocken. Und selbstverständlich zieren den »Peerhannel«, den Pferdehandel eines Herrn de Taube, drei springende Pferde.

Es macht Spaß, auf Spurensuche zu gehen, alte Berufe und deren Bildmarken zu entdecken. Überhaupt gibt es viel zu sehen in diesem Ort, der schon so oft als »Frieslands schönstes Dorf« ausgezeichnet wurde, dass man mit dem Zählen nicht mehr nachkommt.

Die Keimzelle von Neustadtgödens war 1544 ein Siel, um das herum die Herrscher der Herrlichkeit Gödens eine neue Ortschaft gründeten. Sie war eine Planstadt und zog mit ihrer großen Toleranz Menschen unterschiedlichen Glaubens an. Viele kamen als Religionsflüchtlinge aus den Niederlanden, gut ausgebildete Handwerker und Händler, die die neue Siedlung zu großer Blüte führten. Auch jüdisches Leben konnte sich vom 17. bis 19. Jahrhundert bestens entfalten (siehe Ort 37).

In Neustadtgödens fand sich auf kleinstem Raum eine einzigartige Mischung von unterschiedlichen Konfessionen und Religionen. Im Ortsbild ist das heute noch gut zu erkennen: Es gibt eine lutherische wie auch reformierte evangelische Kirche, eine katholische Kirche, zudem eine Mennonitenkirche sowie die restaurierte Synagoge. So konnte damals jeder nach seiner Fasson selig werden.

Adresse Kirchstraße, 26452 Neustadtgödens | Tipp Bei einem Rundgang durch den historischen Ortskern kann man versuchen, alle fünf Kirchenbauten zu streifen. Im Bild sieht man die Lutherische Kirche mit ihrem hohen Turm, nur wenige Meter weiter erreicht man die ehemalige Synagoge.

40 Das private Wasserschloss

Die Geschichte geht weiter: die Herren von Schloss Gödens

Um es gleich vorneweg zu klären: Schloss Gödens gehört seit 1972 zur Gemeinde Sande und damit zum Landkreis Friesland. Das war nicht immer so: Die meiste Zeit seiner Existenz, die bereits 1517 mit der Anlage einer ersten Wasserburg begann, gehörte es als Teil der »Herrlichkeit Gödens« zu Ostfriesland. Erst mit der Gemeindereform Anfang der 1970er Jahre wurde die Residenz friesisch.

Die Geschichte des Wasserschlosses beginnt 1653, als es seine heutige barocke Gestalt erhielt, zu sehen auch an der Jahreszahl im Wappenstein über dem Eingangsportal, das man passiert, wenn man den öffentlichen Schlosspark betritt. Das Schloss ist umgeben von doppelt angelegten Grachten, in deren Wasser es sich herrlich spiegelt. Vom Baustil ist es dem niederländischen Barock zuzurechnen, mit einem hohen Treppenturm außen, der sich in den Winkel zweier senkrecht zueinander stehender Baukörper schmiegt. Eine repräsentative Portalanlage mit einer Freitreppe und einem zweigeschossigen Giebel führt ins Innere.

Das Wasserschloss ist im Privatbesitz, und das seit fast drei Jahrhunderten, als die Adelsfamilie von Wedel 1746 durch Heirat in den Besitz dieses Juwels kam. Nach dem plötzlichen Tod von Karl-Georg Graf von Wedel im Juli 2014 hat die nächste Generation übernommen. Seine Söhne Maximilian und Casimir führen die erfolgreich von ihrem Vater etablierten Geschäfte weiter, mit denen die Schloss Gödens Entertainment GmbH öffentlich überaus präsent ist.

Denn sie organisiert hier wie auch für andere Schlösser in Deutschland große Events, die unter dem Label »Landpartie« bekannt sind. Im Sommer und zu Weihnachten lockt sie Tausende in den großen Park von Schloss Gödens, die anspruchsvolle Landlust genießen, aber auch einmal hinter die Kulissen des Adels blicken wollen. Helen Gräfin von Wedel, die Schwester des Verstorbenen, geleitet als erfahrene Gästeführerin dann gern durch die 32 Räume.

Adresse Schloss Gödens 1, 26452 Sande-Dykhausen, www.landpartie.com, Tel. 04422/98640 | Öffnungszeiten Schlosspark Mo–Fr 9–17 Uhr | Tipp Die »Landpartie«, ob im Sommer oder zu Weihnachten, ist immer einen Besuch wert – mehr stilvolles Schloss-Ambiente gibt es im Nordwesten sonst nirgendwo zu sehen.

41 Der Salzwiesen-Lehrpfad

Grandioser Panoramablick vom Steg aufs Wattenmeer

Mit jeder Flut gelangen mit dem Nordseewasser Sand und Schlick ins Watt des Jadebusens. Bei jeder Ebbe fließt das Wasser wieder zurück in die Nordsee, doch ein Teil der Sedimente hat sich auf dem Boden abgesetzt und fließt nicht mehr zurück. Allmählich, mit den Fluten, wächst der Boden an. Wenn er hoch genug ist, dass er nicht mehr ständig unter Wasser steht, bildet sich eine Salzwiese. Sie ist wie das Watt selbst ein wichtiger Bestandteil des Wattenmeers und gehört deshalb ebenfalls zum UNESCO-Weltnaturerbe.

An der Küste vor Sande, in dem kleinen Ort Cäciliengroden, hat sich eine besonders stattliche Salzwiese entwickelt, in die man über einen Steg ganz weit hineinlaufen kann. Vom Podest am Ende hat man einen herrlichen Blick auf einen der größten zusammenhängenden Salzwiesengürtel des gesamten niedersächsischen Wattenmeers. Denn in einer Bucht wie dem Jadebusen beruhigt sich das heranflutende Wasser schneller als etwa an einer geraden Deichlinie, sodass sich hier ungleich mehr Sediment absetzen kann.

In Niedersachsen sind etwa 8.400 Hektar an der Küste und der Südseite der Inseln Salzwiesen. Sie bilden den Übergang zwischen Wasser und Land. Nur wenige Höhenzentimeter machen einen großen Unterschied. An vorderster Front, noch in der Verlandungszone des Watts, finden sich nur extrem salztolerante Pionierpflanzen wie der Queller, der zweimal am Tag überflutet wird. Wenige Zentimeter oberhalb der Quellerzone beginnt das Revier des Andelgrases. Es liegt bereits oberhalb des ständigen Flutungsbereichs und markiert den Beginn der eigentlichen, der unteren Salzwiese. Sie wird immerhin noch 100 bis 200 Mal im Jahr überflutet. Die Rotschwingelzone schließlich wird nur noch selten vom salzhaltigen Meerwasser erreicht, etwa 25 bis 50 Mal im Jahr. Hier gedeiht der Strandwermut und verleiht der oberen Salzwiese im Sommer einen besonders aromatischen Duft.

Adresse Hermann-Schulz-Straße (Deichübergang), 26452 Cäciliengroden | Tipp Auf der Plattform am Ende lädt ein drehbares Umweltperiskop dazu ein, die Umgebung entlang der Jaderoute und die andere Seite des Jadebusens näher in Augenschein zu nehmen. Weitere stehen in Dangast, Vareler Hafen, Sehestedt und Eckwarderhörne.

42 Die Wasserschöpfmühle

Archimedische Schrauben entwässern das tiefe Land

Hier sieht es ein wenig aus wie bei den Hobbits im Auenland. Und so falsch ist der Vergleich nicht. Denn diese kleine Mühle steht in einem ausgesprochenen Feuchtgebiet am südlichen Ortsrand von Neustadtgödens. Es handelt sich bei dem reetgedeckten Bau um die Wedelfelder Wasserschöpfmühle. Sie ist eine Rarität, ist sie doch die einzige Mühle ihrer Art in ganz Friesland, die noch ihrer Aufgabe nachgehen kann: das neu gewonnene Land, das einst durch die Eindeichung des Schwarzen Bracks am Jadebusen entstand (siehe Ort 48), zu entwässern.

1844 im Auftrag des Grafen von Wedel gebaut, war sie noch bis 1962 in Betrieb. Heute geschieht das gelegentlich noch zu Demonstrationszwecken, die vom Heimatverein Gödens Sande angeboten werden. Technisch wird das Fördern des Wassers durch zwei archimedische Schrauben ermöglicht, die sich im Kanalwasser unterhalb des Gebäudes drehen. Sie können 20 Kubikmeter Wasser in der Minute bewegen, bei einer Hubhöhe von 0,7 Metern. Angetrieben werden die Schrauben vom Wind, den ursprünglich vier Flügel mit insgesamt 40 Quadratmeter großen Segeln einfingen, die nach einem Brand durch Jalousien-Flügel ersetzt wurden.

Bei der Wasserschopfmühle handelt es sich um eine Kappenmühle, die mit einem Steert manuell gedreht und zum Wind gestellt wird. Sie ist ebenerdig gebaut und repräsentiert damit den in der Region eher seltenen Typ eines Erdholländers. In Friesland findet man zumeist Galerieholländer, für das Mahlen von Korn konstruiert.

Die Entwässerungsfläche der Wedelfelder Mühle umfasste damals rund 400 Hektar. Sie und die anderen Wasserschöpfmühlen im sehr tief liegenden Land erledigten früher zusammen das, was heute ein einziges Schöpfwerk schafft. Die Entwässerung des gesamten westlichen Jadebusens erfolgt heutzutage einige Kilometer weiter südöstlich am Schöpfwerk Petershörn über das Dangaster Binnentief.

Adresse Timpweg (Verlängerung bis zur Mühlenscheune), 26452 Neustadtgödens, Tel. 04422/7334098 | Öffnungszeiten Sa 14–17 Uhr | Tipp Am östlichen Ortsrand gibt es den Galerieholländer Oberahmer Peldemühle in der gleichnamigen Straße zu besichtigen, So 11–13 Uhr, Tel. 04422/4833.

43__Der dichte Urwald

Echte Wildnis: statt Watt viele Eichen und Buchen

Das Neuenburger Holz ist ein rund 700 Hektar großes und für die Region außergewöhnliches Naturschutzgebiet, das uralte historische Wurzeln hat. An seinem Rand liegen die Orte Zetel im Norden, Neuenburg im Südwesten sowie Bockhorn im Südosten. Sie umschließen wie ein Dreieck einen Wald, der Teil eines schon seit Urzeiten als die Friesische Wehde bekannten Geestrückens ist (siehe Ort 50). Das Gebiet wurde von den anliegenden Bauern ursprünglich als sogenannter Hutewald intensiv genutzt und dadurch so licht, dass der regierende Graf Anton Günther von Oldenburg es bereits 1654 unter Schutz stellte und jegliche Abholzung untersagte.

Der Neuenburger Urwald entstand, in dem heute bis zu 800 Jahre alten Eichen ihre Kronen nach oben recken und knorrige Hainbuchen zu sehen sind, die schon 300 Jahre zählen. Die geschützte Stechpalme kommt ebenfalls schon seit vielen Jahrhunderten vor und erreicht stattliche Höhen von bis zu zehn Metern. Der Mischwald ist weitestgehend sich selbst überlassen. Pilze, wie der Grüne Schwefelkopf, helfen, die Baumfasern zu zersetzen. Hier ist noch echte heimatliche Wildnis zu sehen.

Die abgestorbenen Urwaldbäume dienen vielen Tierarten als Schutz und Nahrungsquelle. So findet etwa der Große Abendsegler, eine Fledermausart, hier Jagdgebiete und Schlafstellen. Auch der Mittelspecht, ein bis zu 21 Zentimeter großer Vogel, profitiert von den abgestorbenen Bäumen, die ihm Nahrung und Bruthöhlen bieten. Man zählt 711 Käferarten, darunter 85, die auf der Liste der bedrohten Tierarten stehen. So findet der Große Eichenbock aus der Familie der Bockkäfer, wegen seiner stattlichen Größe von 24 bis 53 Millimeter auch Riesenbock genannt, im Totholz einen wichtigen Lebensraum. Für die Menschen ist der Neuenburger Urwald heute ein besonderes Ausflugsziel mit vielen markierten Wanderwegen und einer Jagdhütte mitten im Wald.

Adresse Urwaldstraße 59, 26430 Zetel-Neuenburg | Tipp Nach einem langen Spaziergang – oder auch ohne – lädt der gemütliche Urwaldhof beim Parkplatz zu Tisch und Rast, Mi–So ab 11.30 Uhr.

44 Der Glockenturm aus Holz

Der Friedhof von Zetel – friesische Grabkultur

Üblich war es im friesischen Raum eigentlich, die Friedhöfe rund um die oftmals große und erhöhte Warfkirche des Orts anzulegen. Die Einwohnerzahl war oft klein, der Platz reichte zumeist aus für alle Toten. Dadurch waren die Grabstellen relativ hoch gelegen, was den Vorteil hatte, dass sie vor Feuchtigkeit geschützt waren: entweder vor dem nahen Grundwasser von unten oder vor den reißenden Wassern, die Sturmfluten von oben über das Land brachten.

Auch in Zetel war das so. Doch als der Kirchhof auf der Warf an der uralten St.-Martins-Kirche für die wachsende Gemeinde nicht mehr ausreichte, wurde 1864 an der Bohlenberger Straße zusätzlich ein neuer Friedhof angelegt. Nicht mehr hoch und rund auf einer Warf, sondern flach und viereckig im freien Gelände. Der wuchs mit den Jahren und der Bevölkerung. Wie mittlerweile überall verbreitet, gibt es auch hier neben der üblichen Erd- oder Urnenbestattung im namentlich erkennbaren Grab viele pflegefreie Varianten.

Auch ein Friedhof kann ein Ort sein, an dem man sich wohlfühlt. Ein Ort, den man als lebendiger Mensch gern besucht. Ein Ort der Begegnung mit anderen, ein Ort des Klönschnacks mit den Nachbarn. In Zetel verfolgt man das Leitbild des grünen, blühenden Friedhofs. Das spürt man auch sofort: Er stimmt fast heiter, überall laden Bänke zum Verweilen ein. Zum harmonischen Ganzen trägt ebenfalls der besondere Klang der Friedhofsglocke bei.

Sie ist in einem freistehenden Glockenturm untergebracht und damit wieder sehr landestypisch. Die Kirchenglocken befinden sich im Nordwesten oft in einem separaten Turm, der neben dem eigentlichen Kirchengebäude steht. Holz als Baumaterial entspricht durchaus uralter Tradition, wenn auch hier in sehr modernem Gewand. Denn die ersten Gotteshäuser nach der christlichen Missionierung Frieslands waren aus Holz gebaut, wie Ausgrabungen belegen, nicht aus Stein.

Adresse Bohlenberger Straße 44, 26340 Zetel | Tipp Sehenswert ist auch die moderne Backsteinarchitektur der Kreuzkapelle des Friedhofs. Die Trauerhalle hat einen Grundriss in Kreuzform und einen auffällig gestalteten Eingang.

45 Die große Kunst im Freien

Skulpturen über Skulpturen im Schlosspark

Die Region um den Jadebusen ist ein wahres Paradies für Bildhauer, denn ihre Plastiken finden sich ausgesprochen häufig im öffentlichen Raum. Auch in Friesland zieren sie von Norden bis Süden Plätze und Wege. Ob auf Wangerooge mit der bronzenen Skulpturengruppe vor dem »Pudding« oder von Mariensiel bis Dangast der westliche Skulpturenpfad des Jadebusens mit seinen Großplastiken zur Schöpfungsgeschichte (siehe Ort 51), so gibt es auch im Schlosspark von Neuenburg: große Kunst, überall.

Im Fall des Neuenburger Schlossparks hat das mit einer Reihe von Kunstwochen und anderen Aktionen zu tun, die im Laufe von Jahrzehnten sichtbar Spuren hinterlassen haben. Zwölf Skulpturen sind insgesamt auf den Grünflächen vor und auf der von Wassergräben gesäumten Schlossinsel zu sehen, davon einige äußerst großformatige Werke.

Jene im Bereich der ehemaligen Vorburg basieren auf einer künstlerischen Grundidee aus dem Jahr 1988, als man diesen alten Teil der Schlossanlage wieder aufleben lassen wollte. So erinnert ein Objekt etwa an die alte Schmiede, die einst an dieser Stelle stand, ein anderes an das Gehörn einer Heidschnucke und damit an den ehemaligen Viehstall. Auf einer Reliefplatte, die auf zwei Findlingen ruht, wird zudem der Grundriss der gesamten Schlossanlage um 1650 dargestellt.

Sechs Objekte befinden sich innerhalb der vom Burggraben umschlossen Schlossanlage, drei im rückwärtigen Teil, drei im vorderen Burgbereich. Am auffälligsten ist eine Metallskulptur von Leonard Wübbena. Der Bildhauer hat eine mehrere Meter hohe geschwungene Stahlskulptur mit blauem Innenleben installiert. »Kopfgestalt« hat er sie genannt. Somit hat dann doch ein Ostfriese Einzug in diese alte Trutzburg der Oldenburger gehalten (siehe Ort 49): ein Wittmunder, der mit Großplastiken in seinem »Skulpturengarten Funnix« auch eine überaus bekannte Größe ist.

Adresse Schlosspark, Burgstraße 13, 26340 Zetel-Neuenburg Tel. 04453/935299, Infos unter www.heimatverein-neuenburg.de | Tipp Südlich von Schloss und Stahlskulptur befindet sich das Neuenburger Heimatmuseum in einer ehemaligen Rauchkate, deren reetgedecktes Dach ein wahrer Blickfang ist.

46 Die Kirche aus Granit

Vom runden Findling zum kantigen Quader

Sie ist sehr alt, diese Kirche auf der Warf. Mitten in der friesischen Geest, in Bockhorn, erhebt sich der ehrwürdige Sakralbau mit seinen 1,70 Meter starken Mauern. Seit 1230 trotzt die St.-Cosmas-und-Damian-Kirche den Zeiten. Anfangs war sie noch katholisch, mit Einzug der Reformation in Friesland wurde sie dann das Gotteshaus der evangelisch-lutherischen Protestanten. Doch hier soll es nicht um eine Darstellung des Innenlebens mit altem und kostbarem Taufbecken sowie historischer Orgel gehen. Vielmehr richtet sich der Blick auf das Äußere: auf das Mauerwerk aus schweren Granitquadern.

Das Material ist typisch für alle Kirchen, die um diese Zeit an Orten gebaut wurden, die nicht in der Nähe eines Hafens oder eines Flusses lagen. Dort besaß man keine Möglichkeit zum Transport über Wasser, um etwa Tuffstein aus dem Rheinland zu verarbeiten wie an der Küste. Auf den Geestrücken gab es dagegen Granitfindlinge, die in der Eiszeit mit den Gletschern aus Skandinavien dorthin gelangt waren. Sie standen als regionales Baumaterial zur Verfügung, mussten jedoch erst mühsam zu Quadersteinen bearbeitet werden.

Um sie zu spalten, hat man die kugelförmigen Findlinge zunächst angebohrt. Dazu wurden primitive Drillbohrer verwendet, die aus einem Stab mit einer unteren Eisenspitze und einer um den Stab geschlungenen Schnur bestanden. Wenn das Bohrloch tief genug war, schlug man trockene Holzkeile hinein, die man wässerte und die den Stein bei Frost schließlich sprengten.

In tiefer Ehrfurcht steht man heute vor der großartigen Steinmetzarbeit und der besonderen Schönheit eines Mauerwerks aus Granitquadern mit ihrem wechselnden Farbspiel von rötlichen, beigen und grauen Tönen. In Bockhorn ist es zehn Meter hoch. Es läuft an den Längsseiten über 37,40 Meter und an der Vorder- und Rückseite über eine Breite von 10,30 Metern. Der Backstein am Giebel kam erst später hinzu.

Adresse Lauwstraße 5, 26345 Bockhorn, Tel. 04453/7586 | Öffnungszeiten www.kirche-friesischewehde.de | Tipp Ein wunderbares Granitmauerwerk kann man auch im Wangerland an der Warfkirche in Hohenkirchen sehen (siehe Ort 22).

47 Die Klinkerziegelei

Die einzige ihrer Art: die Privatziegelei Uhlhorn

Bockhorn war einst berühmt für seinen Backstein, galt als Zentrum der europäischen Klinkerindustrie. Die Zeiten haben sich geändert. Doch man findet sie noch – die Spezialisten, die die Tradition dieses für die Region so bedeutenden Handwerks aufrechterhalten und sehr erfolgreich im Geschäft mit dem archaischen Baustoff sind: Die Privatziegelei Uhlhorn, seit 1906 in Familienbesitz, ist die einzige verbliebene Klinkerziegelei in ganz Friesland.

Grundlage ist bis heute lehmhaltiger Ton, der zu Backsteinen geformt, bei sehr hohen Temperaturen gebrannt wird. Dadurch schließen sich beim beginnenden Sinterprozess die Poren des Brennguts. Hartbrandziegel wurden Klinker früher auch genannt. Sie nehmen kaum Wasser auf und sind ein sehr widerstandsfähiges Baumaterial. In Bockhorn und auf der Friesischen Wehde sind große Vorkommen von Lauenburger Ton zu finden, dessen Verwitterungsschicht sich ideal für das Brennen von Klinkern eignet.

Der Bockhorner Klinker brachte auch den Architekten Fritz Höger 1920 beim Bau seines berühmten Chilehauses in Hamburg, das stilgebend für den sogenannten Backsteinexpressionismus werden sollte, ins Schwärmen: »So wie sie durch höchste Feuersglut wurden, waren sie mir lieb, nur ihnen verdanke ich einen Großteil der Wirkung des Riesenbaus, durch sie erhielt der Bau seine Beschwingtheit und nahm dem Riesen seine Erdenschwere.«

Nach dem berühmten Baumeister des Backsteins ist eine große Auszeichnung der Branche benannt, der Fritz-Höger-Preis. 2020 wurde er der Privatziegelei Uhlhorn verliehen. Das »Alte Klinkerzentrum« auf dem Gelände beherbergt zudem eine Dauerausstellung zur Geschichte der Klinkerherstellung in Friesland. In vielen Farbvarianten stapeln sich die gebrannten Steine im Hof, schimmern in Rot, Bunt, Braunviolett oder auch Anthrazit. Frisch im Ofen gebacken und serviert für moderne Architektur von heute.

Adresse Hauptstraße 34, 26345 Bockhorn-Grabstede, Tel. 04452/91280, www.bockhorner.de | Öffnungszeiten www.altes-klinkerzentrum.de, Ostern–Okt. Di 10–13 Uhr, Fr 14–18 Uhr | Tipp Ein Blick auf die Firmenseite lohnt sehr, vor allem der brandheiße Film über die Klinkerproduktion.

48 Das neu gewonnene Land

Über das Schwarze Brack und den Ellenser Damm

Wenn man südlich von Wilhelmshaven die Küstenlinie des Jadebusens entlangfährt, dann geht es über junges Land: vom Küstenort Cäciliengroden über den Idagroden bis zum Petersgroden mit seinen Marschwiesen und Höfen. Auf einer Strecke von wenigen Kilometern hat man auf einen Streich auch gleich drei Gemeinden des Landkreises Friesland passiert: Sande, Zetel und Bockhorn. Das kleinste Stück Küstenstreifen hat dabei Zetel, dessen weitaus größerer Teil im Binnenland sturmflutsicher auf einem Geestrücken liegt.

Das Stückchen Zeteler Land direkt am Jadebusen wie auch die Flächen der beiden Nachbargemeinden verdanken ihre Entstehung dem Bau von Dämmen und Deichen. Dabei wanderte im Laufe der Jahrhunderte die Küstenlinie immer weiter ostwärts und bedeckte Flächen, die vorher vom Wasser überspült waren. Die Bezeichnung Groden steht für eingedeichtes und entwässertes, neu gewonnenes und fruchtbares Marschland.

Ein wahrlich einschneidendes Ereignis in der Geschichte des Jadebusens war die »Zweite Marcellusflut« von 1362, die den Landstrichen im Westen riesige Flächen entriss. Zwischen den Orten Ellens, Neustadtgödens und Sande bildete sich das sogenannte Schwarze Brack: eine große Ausbuchtung im Wasser des Jadebusens, das durch Hochmoore schwarz gefärbt wurde.

Mit dem Bau des vier Kilometer langen Ellenser Damms sollte sich die Situation entscheidend ändern. Über den Damm konnten die Oldenburger im Süden, denen Maria von Jever 1575 ihr Land vermacht hatte, auf direktem Weg durch das Watt ihre neue Herrschaft erreichen und mussten nicht mehr westlich durch Ostfriesland und dort Zölle zahlen. Was den Ostfriesen nicht gefiel, weil ihr Handelshafen am Gödenser Siel verlandete. Doch alles Klagen vor dem Reichskammergericht half nichts: 1615 wurde das letzte Teilstück am Ellenser Damm und damit das Schwarze Brack geschlossen.

Adresse Idagroden, 26340 Zetel | Tipp Am Deich befindet sich eine besonders schöne Station des Skulpturenpfads am Jadebusen: »Der vierte Schöpfungstag«. Auf Informationstafeln erfährt man Interessantes über das herrliche Kunstwerk aus Sandstein, aber auch über die Küstensituation zur Zeit des Schwarzen Bracks.

49 Die starke Trutzburg

Schloss Neuenburg, erbaut als Grenzbastion

»Den Friesen soll angst und bange werden!«, soll er ausgerufen haben, natürlich auf Plattdeutsch. Das war in jener Zeit, als die Gegend um Zetel und Neuenburg noch zu Oldenburg gehörte und man sich ständig mit den ostfriesischen Nachbarn befehdete. Die hatten nicht weit entfernt gerade ihre Friedeburg gebaut. So reagierte 1462 Graf Gerhard zu Oldenburg – auch Gerd der Mutige genannt – mit dem Bau einer eigenen Trutzburg mit Steinhaus, Wall und Wassergraben. Teile des mittelalterlichen Baus sind noch vereinzelt an vermauerten Spitzbogenfenstern erkennbar. Zwischen 1578 und 1583 wurde es repräsentativer, die Festungsanlage von Graf Johann zu einem Wohnschloss mit vier Flügeln umgebaut. Wenn man heute im Innenhof steht, sieht man sein prächtiges Wappen aus Stein am südlichen Flügel des Schlosses.

Schloss Neuenburg diente den Oldenburger Herrschern als Sommerresidenz und Jagdschloss. Den Höhepunkt barocker Hofhaltung erlebte das Schloss unter dem Grafen Anton Günther. Seine Frau errichtete ab 1667 ihren Witwensitz im Schloss und erfreute sich an einem prächtigen Schlossgarten nach französischem Vorbild. Nach Abriss und Rückbau erhielt die Anlage Anfang des 18. Jahrhunderts seine bis heute bestehenden drei Flügel. Später gab es auf dem Gelände auch ein Gestüt, in dem das in Reiterkreisen weithin bekannte Oldenburger Pferd gezüchtet wurde.

Nach wechselnden Nutzungen ging das Schloss 1964 in den Besitz der Gemeinde Zetel über. Kernstück ist ein großer Saal im Obergeschoss, der für Ratssitzungen und als Trausaal genutzt wird. In der ehemaligen Hauskapelle der Grafen finden schon seit mehr als 300 Jahren die Gottesdienste der evangelisch-lutherischen Gemeinde von Neuenburg statt. Leben ins historische Gemäuer und den Schlosspark bringt heute auch die »Kindertagesstätte im Schloss«, die in der Trutzburg ein einmaliges Domizil gefunden hat.

Adresse Schlossgang 1, 26340 Zetel-Neuenburg, www.zetel.de | Tipp Im Schloss gibt es ein vogelkundliches Museum, das mit 100 präparierten Vögeln und rund 200 Gelegen Einblick in die Vielfalt der heimischen Vogelwelt ermöglicht.

50 Der waldige Geestrücken

Ragt aus dem flachen Land: die Friesische Wehde

Bockhorn grenzt im Nordosten direkt an das Wasser des Jadebusens. Zwar nur auf vier Kilometern Länge, aber damit ist die Gemeinde direkter Anrainer der großen Nordseebucht. Die kleine Gemeinde im Landkreis Friesland, rund 9.100 Einwohner zählte man 2023, wird aber nicht so sehr von Marsch und Meer geprägt, sondern viel stärker durch einen Geestrücken im Hinterland: die Friesische Wehde. Der Begriff Wehde bedeutet so viel wie Wald. Schon im 15. Jahrhundert wurde die Landschaft hier als »de Wede« oder »den fresscken Weede« bezeichnet.

Bis ins frühe Mittelalter war die Friesische Wehde ein großes zusammenhängendes Waldgebiet. Heute ist der Geestrücken nur noch zu etwas weniger als die Hälfte mit Wald bedeckt, der auf den Namen Neuenburger Holz hört. Aber viel ist es immer noch im Vergleich zur relativ baumkargen Marschlandschaft der friesischen Umgebung. So ungewöhnlich viel für die Gegend, dass die Menschen aus Bockhorn wie dem angrenzenden Zetel und Neuenburg ihn gleich »Urwald« nannten (siehe Ort 43).

Wenn man die Urwaldstraße von Zetel nach Bockhorn nimmt, stellt man überraschend fest: Hier geht es ja hoch, man könnte fast schon sagen bergauf. Bis zu 15,6 Meter über Normalnull sind es an der höchsten Stelle. Kurvig wird es, auch wenn man weit davon entfernt ist, Serpentinen zu fahren. Aber bemerkenswert ist sie tatsächlich, diese deutlich spürbare Erhebung aus der Landschaft. Dazu noch ein von Wald umgebener Rastplatz. Ist das noch Friesland? Ja!

Die Friesische Wehde ist nicht nur eine geologische Besonderheit, sondern war auch gleichzeitig der Name einer Großgemeinde, in der von 1933 bis 1948 Bockhorn, Zetel und Neuenburg zusammengefasst waren, mit Sitz in Bockhorn. Die Zuschnitte der Gemeinden haben sich mehrfach geändert. Heute ist Bockhorn eine eigenständige Gemeinde, wie auch Zetel, dem Neuenburg als Ortsteil eingegliedert ist.

Adresse Urwaldstraße, Rastplatz, 26345 Bockhorn | Tipp Einen besonders sehenswerten Wald und viele Alleen mit alten Bäumen hat Varel im Süden des Jadebusens vorzuweisen, obwohl es nicht weit vom Meer liegt. Die friesische Stadt bietet beides.

51 Der westliche Skulpturenpfad

Am Deich entlang: Die Sieben Tage der Schöpfung

Das Werk ist fast vollbracht. Es ist Gottes »Sechster Schöpfungstag« – der Tag, an dem sowohl die Tiere zu Land und auf den Feldern als auch der Mensch geschaffen wurden. Darum dreht sich alles bei diesem großen Steinrelief in der weiten Marschlandschaft am Bockhorner Deich. Und es ist gar nicht so allein auf weiter Flur, wie es ausschaut.

Anlässlich der EXPO 2000 in Hannover hatte man eine Gruppe unterschiedlicher Bildhauer zu einem Symposium an den Jadebusen eingeladen, um unter dem Thema »Die Sieben Tage der Schöpfung – Sieben SEH-Zeichen auf sieben SEE-Meilen« Kunstwerke zu schaffen. Vom 15. Juni an, einen Monat lang, ging man in Cäciliengroden unter freiem Himmel an die Arbeit, trotzte Wind und Wetter.

Das Ergebnis hat so begeistert, dass die sieben Kunstwerke nach dem Workshop der Bildhauer entlang des friesländischen Teils vom Radwanderweg aufgestellt wurden. Wer heute nur ein Stück entlang des Deichs am Jadebusen unterwegs ist, wird bestimmt einem der großen Monumente begegnen. Wer die ganze Route macht, dem offenbaren sich an den sieben Stationen in Mariensiel, im Norden von Cäciliengroden, in Idagroden (mit zwei Skulpturen), in Petersgroden, am Petershörn und in Dangast sämtliche sieben Tage der Schöpfung.

Die Bildhauerarbeit zum sechsten Tag der Schöpfung ist die vorletzte Station, zu finden am Petershörn, nicht weit entfernt vom gleichnamigen Schöpfwerk und nördlich vom Dangaster Tief. »Die Tiere des Feldes. Der Mensch« ist sie benannt. Sie wurde von Norbert Pierdzig, einem Künstler aus Edewecht im Ammerland, angefertigt.

Die anderen Künstler sind in der Reihenfolge der Schöpfungstage Nicolei Deppe aus Bremen (1.), Adrian Jähne aus Görlitz (2.), Thorsten Schütt aus Horsten (3.), Jo und Jutta Klose aus Nordhorn (4.), Ivo Gohsmann aus Oldenburg (5.), der bereits Genannte und schließlich Eckart Grenzer aus Oldenburg (7.) mit seinem Kunstwerk.

Adresse Rhynschloot am Petershörn, Dangaster Tief, 26345 Bockhorn | Tipp Ein Pfad ganz anderer Natur ist der nahe gelegene Landschaftserkundungspfad. Er befindet sich auf Vareler Gelände und zeigt die typischen Landschaftsräume der Gegend: Geest, Moor, Marsch und Watt.

52 Am Vareler Hafen

Matjes, Muscheln und Maritimes auf der Flaniermeile

Heute nur schwer vollstellbar, doch vor rund 350 Jahren stand hier, wo man weiße Segelyachten liegen sieht, eine Burg: die Christiansburg. Ein fehlgeschlagenes Projekt des dänischen Königs, der damals regierte. Aber mit ihr entstand 1681 die erste Hafenanlage Varels, etwas außerhalb des Stadtkerns. Sie verschlickte und musste bereits 1694 wieder aufgegeben werden. Das gleiche Schicksal ereilte auch eine Anlegestelle, die man 1733 vor dem Deich baute. Erst mit der Sielschleuse von 1846 entstand ein richtiger Handelshafen von Bedeutung – wenn auch nur von kurzer Dauer (siehe Ort 63). Danach wurde es etwas still um ihn.

Der südlichste Hafen des Jadebusens ist heutzutage ein beliebtes Ziel für Einheimische wie Gäste. Hier docken herrliche Yachten an, die hinter der Sielschleuse geschützt vor den Gewalten der Nordsee sind. Malerische Fischkutter bringen Heringe, Makrelen und Krabben fangfrisch an Land. Es wird geräuchert und Matjes werden eingelegt. Es wird Bier selbst gebraut und in der angeblich kleinsten Kneipe Deutschlands am Tresen gestanden. Ein Museum präsentiert Kuriositäten, und es gibt jede Menge Restaurants und Cafés am Kai, um es sich richtig gut gehen zu lassen an der langen Hafenmeile.

Viele Unternehmen haben sich rund um den Hafen niedergelassen, darunter auch eine Bootswerft, ein Flugzeugbauunternehmen sowie kleinere maritime Gewerbebetriebe. Ganz in der Tradition des Hafens, in dem in den 1920er Jahren eine Fabrik Berge aus Muschelschalen auftürmte, die man aus der Nordsee gewonnen hatte, um sie zu Muschelmehl für die Tierfütterung zu verarbeiten. Das ist zwar längst Vergangenheit, aber auch heute arbeiten noch mehr als 200 Menschen auf dem Hafengelände.

Die bunte Mischung aus Freizeit und Gewerbe ist das, was den Vareler Hafen besonders auszeichnet. Wer herkommt, hat viel zu gucken und eine unverwechselbare maritime Atmosphäre.

Adresse Varel Hafen, 26316 Varel, www.varelerhafen-touristik.de | Tipp Bei der auffälligen Fisch-Skulptur im Hafen handelt es sich um eine Installation des Schrottkünstlers Diedel Klöver, der seinen »Future Fish« mit Plastikmüll gefüllt hat, als Mahnmal der Vermüllung der Ozeane. Mehr von ihm unter www.yard-art.de (siehe Ort 62).

53 Der Bauernhof mit Zukunft

Die Zeiten ändern sich: vom Land- zum Energiewirt

An ihrem Grundstück an der Bundestraße von Varel nach Jade sausen die Kraftwagenfahrer meist mit sehr hoher Geschwindigkeit vorbei. Bei etwas langsamerem Tempo würde ihnen dieser Cartoon am grünen Scheunentor sofort auffallen. Genau so fröhlich kann man sich das Miteinander von Menschen und Tieren auf dem Hof Cordes in Hohenberge auch die meiste Zeit vorstellen. Im »letzten Zipfel von Varel« hat der große Bauernhof mit rund 280 Hektar Land seit 1879 seinen Sitz. Erbaut hat ihn der Urgroßvater von Eckhard Cordes. Er ist ihm in der vierten Generation gefolgt, sein Sohn repräsentiert die fünfte, und die sechste lebt auch schon im Haus.

Um die Zukunft müssen er und seine Frau Gaby sich also keine Sorgen machen. Zumal Juniorchef Eike den Betrieb seit 2010 neu ausgerichtet hat. Seitdem sind sie nicht wie seit Jahrhunderten nur Landwirte, sondern wurden zu Energieerzeugern. Sie bauten die erste Biogasanlage Varels, die mittlerweile ein wichtiges Standbein ihres Betriebs darstellt. Sie wird zu zwei Dritteln mit Gras, gemahlenen Maiskörnern sowie ganzen Weizenpflanzen bestückt und zu einem Drittel mit der Gülle ihrer Tiere.

Aus dieser Mischung entsteht im Gärbehälter Methangas, das die Familie Cordes in großen Mengen auch an die Stadt liefert. Mit dem Gas vom Bauernhof betreibt man in Varel ein Blockheizkraftwerk am Schulzentrum in der Arngaster Straße, mit dessen Wärme die Schule, die Sporthalle, die Gymnastikhalle, eine Hausmeisterwohnung und das städtische Hallenbad geheizt werden.

Landwirte sind sie auf dem Hof Cordes aber auch noch. 150 Milchkühe besitzt der Hof, die bisher klassisch über Einfach- oder Doppel-Sechser-Melkanlagen gemolken wurden. Doch auch hier hat der Junior bereits die Zukunft eingeläutet: Zwei vollautomatische Melkroboter für 60 Kühe wurden kürzlich angeschafft.

Adresse Rodenkirchener Straße 26, 26316 Varel, Tel. 04451/4477 | Tipp Wer frische Milch direkt vom Hof trinken will, kann in Varel an der Milchtankstelle vom Hofladen Jürgens in der Rosenberger Straße 7 Gemolkenes kaufen.

54 Das Dorf der Künstler

Galerien, Ateliers und der Maler Franz Radziwill

Der Maler Franz Radziwill feierte bereits Anfang der 1920er Jahre als junger Mann große künstlerische Erfolge. Er war in Kontakt mit der Künstlerkolonie Worpswede, wurde 1920 sogar als jüngstes Mitglied in die Berliner Secession aufgenommen. Doch dann zog es ihn aus der Metropole und von Bremen in die Provinz, nach Dangast. Den Tipp, hier gut malen zu können, hatte er in Berlin von Karl Schmidt-Rottluff, einem Mitglied der expressionistischen Künstlergruppe »Brücke«, bekommen, der mit Erich Heckel und Max Pechstein schon von 1907 bis 1912 den Sommer am Jadebusen verbracht und den Ruf Dangasts als Künstlerdorf begründete hatte.

Radziwill kam, um zu bleiben. Ganze 60 Jahre lang lebte er bis zu seinem Tod im Jahr 1983 in dem kleinen Fischerhaus, das er 1923 für sich und seine Frau gekauft hatte. Das »Franz Radziwill Haus« ist heute ein Museum, eine »gemauerte Künstlerbiografie«, wie es 2023 anlässlich der Jubiläumsausstellung zum Einzug des berühmten Künstlers vor 100 Jahren zu lesen war. Hier kann man am Originalschauplatz sehen, wie der Maler gelebt und gearbeitet hat, umgeben von Kunstwerken aus seiner Hand und vielen Informationen zu seinem Werk und Leben.

»Alles auf Anfang« stellte Radziwill mit seiner Ankunft in Dangast, wandte sich vom Expressionismus ab und dem Magischen Realismus zu, der sein Hauptwerk prägt. Wie etwa sein Bild »Strand von Dangast mit Flugboot« von 1929, über das leicht surrealistisch ein Boot mit Flügeln durch einen bewegten Himmel fährt. Dangast und der Jadebusen inspirierten Radziwill ungemein, sie prägten fortan sein Œuvre, das durch viele Landschaftsbilder in kräftigen Farbtönen beeindruckt.

Dangast ist ein Künstlerdorf geblieben (siehe Ort 57). Viele Galerien und Ateliers im Ort sowie in Varel und Umgebung zeugen vom großen Reiz, den Landschaft und Licht am Jadebusen bis heute auf bildende Künstler ausüben.

Adresse Sielstraße 3, 26316 Dangast, Tel. 04451/2777, www.radziwill.de | Öffnungszeiten Mi–Fr 15 – 18 Uhr, Sa/So 11 – 18 Uhr, Nov.–22. Dez. eingeschränkt | Tipp Der Dangaster Kunstpfad führt zu Originalschauplätzen vieler Bilder berühmter Künstler und reizt zum Vergleich von Kunstwerk und Realität. Das macht Spaß! Mit oder ohne Führung: www.dangast.de/entdeckungspfade.

55 Der Hafen am Wattenmeer

Jetzt geht es mit der Jantje von Dangast auf Tour

Wenn der Kapitän des Ausflugsschiffs von Dangast in den heimatlichen Hafen steuert, dann kann schon mal sehr wenig Wasser unter dem Kiel sein. Denn von der tiefen Rinne des Jadefahrwassers vor Wilhelmshaven muss das Fahrgastschiff abzweigen in einen Nebenarm, das Dangaster Außentief. Das ist fünf Kilometer lang und schlängelt sich in enger Spur durch das weite Watt des Jadebusens zum Dangaster Siel. Ein Räumboot des Hafenzweckverbands Dangast hält die Passage für das Land Niedersachsen frei, sonst wäre nicht nur für das Touristenschiff, sondern auch für viele Sportboote und Fischkutter kein Durchkommen mehr.

Kapitän Anton Tapken, der über 40 Jahre bei seinen beliebten Ausflugsfahrten die Strecke meisterte, kannte das schwierige Revier aus der Westentasche. Bis auf den Zentimeter genau glitt der aktive Senior mit den unvergleichlichen Entertainerqualitäten durch die schmalen Furchen im Watt und freute sich, dass er mit seinen Berechnungen zu den Wasserständen wieder einmal richtig lag. Doch 2021 war für ihn Schluss. Er und sein Schiff, die berühmte »Etta von Dangast«, gingen in den wohlverdienten Ruhestand.

Seitdem ist der Dangaster Kapitän Eike Wassermeier am Ruder, und auch ein neues Schiff liegt im Hafen vor Anker: die »Jantje von Dangast«. An diesen Namen werden sich alte Stammgäste wohl immer noch gewöhnen müssen. Dafür gibt es aber auf dem neuen Schiff neben den klassischen Ausflugsfahrten auch einige Specials im Programm, wie Comedy, Gottesdienste und Jazzkonzerte. Auch kann man die Jantje für private oder geschäftliche Events buchen. Für bis zu 150 Gäste ist Platz an Bord.

Die Rundfahrten durch den Jadebusen führen je nach Tour zum Leuchtturm Arngast, an den Wilhelmshavener Südstrand, den Nassauhafen, den Jade-Weser-Port und in den Marinehafen. Sie werden sachkundig begleitet von Experten aus dem Nationalpark-Haus Dangast.

Adresse Hafen, 26316 Dangast, Tel. 04451/862387, www.jantjevondangast.de | Tipp Eine der Spezial-Touren der Jantje von Dangast widmet sich dem Thema Energiewende und führt entlang der Energiedrehscheibe Wilhelmshaven bis zum ersten LNG-Terminal Deutschlands im Jadefahrwasser.

56 Der hohe Wasserturm

Paradeblick vom südlichen Jadebusen

Über viele Stufen muss man gehen, bis man ganz oben ankommt: Genau 220 sind es, die auf den Wasserturm von Varel führen, durch ein Treppenhaus, das besonders am Fuß sehr imposant gestaltet ist. Direkt an der Oldenburger Straße gelegen, erhebt sich der schlanke Backsteinturm in die Höhe. Er misst von ganz unten bis nach oben zur Dachhaube aus Kupfer 54 Meter. Damit ist der Wasserturm das höchste Gebäude in Varel – und perfekt geeignet als Aussichtspunkt über die Stadt und den Jadebusen. Dafür gibt es keinen besseren Ort.

Auf 41,5 Metern befindet sich eine Plattform mit einer umlaufenden Fensterfront. Es bietet sich ein Paradeblick hinüber nach Wilhelmshaven: Man sieht die Häuser am Bontekai, den Südstrand, den Lotsenturm und das Marinearsenal. Blickt man auf den östlichen Jadebusen, erkennt man sofort den Leuchtturm Arngast sowie die Leuchtfeuer und den Strand von Tossens am Horizont. Man bemerkt auch sofort, was die Stadt Varel auszeichnet – die reizvolle Lage zwischen Wald und dem Meer des Jadebusens.

Der Wasserturm wurde 1914 in Klinkerbauweise errichtet. Zuvor wurde das Wasser aus Zisternen und Flachbrunnen gewonnen. Der stählerne Hochbehälter des Turms, durch den beim Aufstieg eine Wendeltreppe führt, fasst eine Menge von 315 Kubikmeter Wasser, ein zusätzlicher Reinwasserbehälter nochmals 1.500 Kubikmeter. Verteilt wird es über ein Rohrleitungsnetz von insgesamt 66 Kilometern Länge zu etwa 3.600 Haushalten im alten Stadtgebiet. Denn bis heute wird die Stadt von hier mit frischem Trinkwasser versorgt.

Während man 1914 noch 77.354 Kubikmeter Wasser im Jahr förderte, wurden 2022 stolze 731.042 Kubikmeter gemessen. Fast das Zehnfache! Weitere Informationen zum Thema Wasserversorgung gibt eine Ausstellung im Turm. Eine virtuelle Gästeführung unter *#Wasserturm* steht für alle zur Verfügung, denen der Aufstieg zu anstrengend oder nicht möglich ist.

Adresse Oldenburger Straße 62, 26316 Varel | Öffnungszeiten April–Okt. 8–17 Uhr, Nov.–März 8–16 Uhr | Tipp Auch eine der größten Windmühlen Norddeutschlands steht in Varel: ein fünfgeschossiger Galerieholländer in der Mühlenstraße 52. Wegen Schadstoffbelastung wurde die Mühle im August 2023 gesperrt.

57 Die Jade II am Strand

Aktionskunst aus den 70ern, Hingucker bis heute

Kunstgeschichte hat das kleine Dangast am südlichen Jadebusen mehrfach geschrieben. Die künstlerische Avantgarde hat den Ort schon immer gemocht, wegen seines Lichts, aber wohl auch, weil dieser Ort immer Gelegenheit gab, sich künstlerisch frei zu entfalten und auszuprobieren. Diese spezielle Atmosphäre genossen schon die frühen Expressionisten (siehe Ort 54), aber auch eine Gruppe von Aktionskünstlern, die sich hier ab Mitte der 1970er Jahre zu Happenings trafen.

Die meisten kamen aus dem Umfeld von Joseph Beuys und der Kunstakademie Düsseldorf. Einer seiner Meisterschüler, Anatol (Herzfeld), und Eckart Grenzer gründeten 1975 die Freie Akademie Oldenburg und trafen sich mit Gleichgesinnten regelmäßig zu Kunstdebatten und -aktionen in Dangast. Sitz der Akademie war das Kurhaus. In den folgenden Jahren entstand am Strand unterhalb des Geländes eine Reihe von bemerkenswerten Skulpturen, die heute noch alle Blicke auf sich ziehen.

»Phallus – Begegnung der Geschlechter«, eine mehr als drei Meter hohe Plastik aus schwedischem Granit von 1984, sorgte damals für viele erregte Diskussionen. Das hoch aufragende männliche Geschlechtsteil steht im Watt und wird alle zwölf Stunden vom weiblichen Meer umarmt, so die künstlerische Idee von Grenzer. Auffallend groß ist auch die zweite Arbeit am Kurhaus-Strand: der »Kaiserstuhl Butjatha«, eine Skulptur aus Holz von 1984. Auf dem überdimensionalen Stuhl kann jeder Platz nehmen und wie ein Kaiser thronen.

Das dritte Objekt der Strandkunst vor dem Kurhaus ist eine Frauenplastik aus grünem Kunststoff, 1979 von Anatol zum zweiten Mal gefertigt, da eine erste aus Blei der rauen Witterung nicht standhielt: »Jade II«. »Grün wie der Jadestein und das Wasser der Jade«, wird der Aktionskünstler zitiert. Da steht sie heute noch mit dem Rücken zum Strand: mal umspült von Wasser, mal im tiefen Schlick.

Adresse westlicher Strandabschnitt, unterhalb vom Kurhaus, 26316 Dangast | Info www.freie-akademie-oldenburg.de | Tipp Entlang der kompletten Wasserkante von Dangast führt ein Spazierweg. Auf der östlichen Strandseite ist seit 2004 mit dem »Friesendom« eine Großplastik von Eckart Grenzer zu sehen.

58 Das kultige Kurhaus

Eine Familiengeschichte: die Tapkens aus Dangast

Diese Familie gehört zu Dangast wie keine andere: die Tapkens. Seit 1882 gehört ihnen das Kurhaus am Strand, das selbst schon weit mehr als 200 Jahre am Wäldchen im Westen thront. Unter den Bäumen sitzt man bis heute gern, genießt von der Terrasse den direkten Ausblick auf den Jadebusen, da kein Deich (wie so oft) die Aussicht versperrt. Weit über die Grenzen des Kurorts hinaus ist der selbst gebackene Rhabarberkuchen vom Kurhaus bekannt, der wohl am häufigsten verkaufte Kuchen in ganz Friesland.

Seit mittlerweile fünf Generationen führen die Tapkens Regie, gegenwärtig steht das Haus unter der Leitung von Maren Tapken und ihrem Mann Wolf Becker. Sie sind Mitglieder einer Dangaster Familiendynastie, denen die Herzstücke des beliebten Seebads gehören: der ganze Küstenstreifen vom Campingplatz an der Rennweide über das Kurhaus und die Klause bis hinüber zum Hafen. Alles ist in den Händen ihrer Tanten und Onkel, Cousinen und Vettern – und wird von ihnen mit viel Herzblut betrieben.

Vielleicht geht es auch deswegen so familiär zu im altehrwürdigen Kurhaus mit seinen hohen Sprossenfenstern. Hier war schon immer Raum für viel Kreativität und Künstler, die die kunstsinnigen Tapkens stets mit offenem Herzen empfangen haben. Ungezwungen, bunt und vielfältig sind sowohl Gäste als auch Programm.

Kurhaus, Strand und Hafengeländer der Tapkens sind auch der Austragungsort des »Watt en Schlick«-Festivals, eines der größten Open-Air-Events im Norden, das sie von Anfang an unterstützt haben und das wie das Kurhaus mittlerweile Kultstatus hat. Es zieht vor allem ein junges Publikum in das Seebad auf dem Geestvorsprung am Wattenmeer. Neben Auftritten überregional bekannter Bands und Interpreten ist auch ein Schlickschlittenrennen fester Bestandteil des Programms. Direkt am trockengefallenen Strand vor dem Kurhaus messen sich tapfere Männer und Frauen im Watt.

Adresse An der Rennweide 46, 26316 Dangast, Tel. 04451/4409 | Öffnungszeiten Fr–So und feiertags 9–19 Uhr, www.kurhausdangast.de | Tipp Im nahen Hafen ist ein maritimes Denkmal zu bestaunen: das alte Quermarkenfeuer von Wilhelmshaven. Die grau-schwarze Stahllaterne hat dank Anton Tapken Ende 2005 hier eine neue Heimat gefunden.

59 Der Leuchtturm Arngast

Das Wahrzeichen des Jadebusens und versunkenes Land

Majestätisch sieht er aus, hebt sich mit seinen Streifen in Rot und Weiß markant von dem dunklen Grau des Wattenmeers ab – und erhebt sich aus eben jenem rund 36 Meter hoch. Egal, wo man sich am Jadebusen befindet, ob im westlichen Friesland oder in der östlichen Wesermarsch, der Leuchtturm Arngast ist einfach nicht zu übersehen. Er ist und war immer schon ein wichtiger Orientierungspunkt in dieser großen Bucht – besonders für Schiffe aus den Häfen von Varel und Dangast auf dem Weg nach Wilhelmshaven oder von dort zurück. Das Fahrwasser geht durch enge Tonnen- und Prickenwege und gilt als äußerst anspruchsvoll (siehe Ort 55).

Der Leuchtturm Arngast wurde 1909/10 gebaut und ist benannt nach dem Arngaster Wattrücken, auf dem er steht. Er erinnert an eine Insel gleichen Namens, die im 19. Jahrhundert allmählich und im Winter 1904/05 endgültig unterging. Sie befand sich auf dem gleichen Wattrücken wie der Leuchtturm.

Eine Wattwanderung zum Leuchtturm Arngast ist eine der schönsten und interessantesten Touren, die man im norddeutschen Watt unternehmen kann. Sie gehört aber auch zu den anstrengendsten: Es geht kilometerlang durch knietiefen Schlick, und das ist wirklich nur trainierten Menschen zu empfehlen. Der erfahrene Nationalpark-Wattführer Gerke Enno Ennen erkennt schon nach den ersten 100 Metern, wer die Strecke körperlich schaffen wird. Wer sich überschätzt hat, tritt dann auch dankend vorzeitig den Rückweg an.

Wo hat man das aber auch schon? Über versunkenes Land zu schreiten, über alte Siedlungsreste einer untergegangenen Insel? Wer Glück hat, entdeckt unterwegs sogar Backsteinbrocken des untergegangenen Arngast, marschiert entlang den Resten uralter Baumwurzeln. Am Leuchtturm Arngast angekommen, mitten im Watt, wird man am Ende von einem Schiff abgeholt und kehrt trockenen Fußes wieder zurück nach Dangast. Das gibt es nur an diesem Ort!

Adresse mitten im Jadebusen, nicht zu übersehen; Touren über die zertifizierten Wattführer Gerke Enno Ennen (www.wattlopen.de), Jürgen Wackwitz (www.watt-witz.de) | Tipp Wer es nicht ganz so anstrengend mag, erreicht den Leuchtturm Arngast auch mühelos mit dem Schiff, Abfahrt Dangast.

60 Das Naschkatzen-Paradies

Im Vareler Hafen lockt und ruft das Bahlsen Outlet

Wer gerade eine Diät macht, sollte diese beiden Seiten jetzt vielleicht besser überspringen. Das Foto zum Thema ist ja noch relativ harmlos, ein Industriegebäude am Vareler Hafen, weiß gestrichen, mit Flachdach. Aber der Schriftzug über der Tür gibt schon einen leichten Hinweis auf das, was einen drinnen erwartet. Das »Bahlsen Outlet Varel« ist eins von insgesamt 23 in Deutschland, wo der bekannte Konzern und führende Hersteller von Gebäck, Keksen und Kuchen seine Waren per Fabrikverkauf an den Konsumenten bringt. Durch die Ausschaltung des Handels locken hinter der Glastür ausgesprochen niedrige Preise im Vergleich zu dem, was in deutschen Supermärkten verlangt wird.

Kaum jemand, der hier hineingeht, kommt ohne etwas Süßes wieder hinaus. Ganze Wagenladungen werden weggefahren, im Auftrag von Freunden und Familie Leckereien in Großpackungen in den Kofferraum verfrachtet. Ja, dieser Ort ist wirklich nichts für Ernährungsbewusste – zu viel Zucker, zu viel Fett. Aber es ist einfach zum Dahinschmelzen: Die Regale sind von unten bis oben voll mit Süßigkeiten, in buntes Papier verpackt und in Schachteln meterhoch gestapelt.

Denn Bahlsen vertreibt hier nicht nur seine eigenen Gebäckwaren, wie den weltberühmten Leibniz-Keks, sondern auch Schokoladen und Pralinen anderer bekannter Marken. Im Programm sind auch viele saisonale Köstlichkeiten wie Marzipankartoffeln zu Weihnachten oder Schokoladeneier zu Ostern. Und Chips gibt es auch. Rechts und links der Gänge türmen sich die kalorienreichen Versuchungen, denen kaum jemand widerstehen kann.

Rund 130.000 Tonnen Gebäck produzierte Bahlsen im Jahr 2020. In Varel liegt eine der Produktionsstätten der Firma, neben Standorten in Barsinghausen nahe Hannover, in Berlin sowie zwei Werken in Polen. Außer in Varel gibt es im Weser-Ems-Gebiet auch in Norden, Cuxhaven und Oldenburg ein Bahlsen-Outlet.

Adresse Christiansburg 5d, 26316 Varel, www.bahlsen-outlet.de | Öffnungszeiten Mo–Fr 10–18 Uhr, Sa 10–17 Uhr | Tipp Sehr lecker ist an der Nordseeküste immer alles mit Rosinen: Brötchen, Stuten, eingelegt in Hochprozentiges als Rumflockentorte oder als »Bohntjesopp« zu Silvester.

61 Das schöne Waisenstift

Vom unehelichen Sohn aus Dankbarkeit

An diesem Ort atmet jeder Stein Geschichte. Es ist eines der ältesten Häuser von Varel, 1671, nur wenige Jahrzehnte nach dem Ende des Dreißigjährigen Kriegs, errichtet. Sein Bauherr war Graf Anton I. von Aldenburg, der uneheliche Sprössling des berühmten Grafen Anton Günther von Oldenburg und der Freifrau Elisabeth von Ungnad. Um ihre Beziehung ranken sich viele Gerüchte, auch das eines mit Blut unterzeichneten Eheversprechens des Grafen, das der Tochter einer aus Böhmen geflohenen Adelsfamilie angeblich unter einem Vorwand entwendet wurde.

Wie auch immer. Fakt ist, dass der Graf eine andere Dame von Stand heiratete. Eine Ehe, die kinderlos blieb – und der uneheliche Sohn, geboren am 1. Februar 1633, damit im Spiel. Der mächtige Landesherr kümmerte sich schon früh um den illegitimen Nachwuchs. Am 16. März 1646 wurde der Sohn in den Adelsstand erhoben. Man wählte als Titel die älteste überlieferte Form des Namens Oldenburg: Aldenburg. 1654 erhielt er das Amt Varel, 1655 die Vogtei Jade und ab 1657 die Herrschaft Kniphausen als freies Grundeigentum. Als sein Vater, Graf Anton Günther, 1667 starb, war Anton I. von Aldenburg 34 Jahre alt und wurde Statthalter von Oldenburg und Delmenhorst, unter der Regentschaft des dänischen Königs.

Nur wenige Jahre später errichtete er in Varel diesen repräsentativen Backsteinbau aus Dankbarkeit gegenüber Gott und seinem Vater. »QUID RETRIBUAM DOMINO« steht in großen Lettern über dem Portal geschrieben: »Wie soll ich mich dem Herrn dankbar erweisen?« Indem er ein Waisenhaus stiftete. In der Stiftungsurkunde des Grafen steht geschrieben, dass bis zu 100 Waisen und arme Kinder aufzunehmen seien. Bis in unsere Tage erfüllt das Waisenstift als heilpädagogisches Kinderheim seinen Auftrag, mit drei Wohnhäusern für Kinder auf dem Heimgelände. Das historische Gebäude wurde als Baudenkmal von nationalem Rang eingestuft.

Adresse Waisenhausstraße 19, 26316 Varel, www.foerderverein-waisenstift-varel.de | Tipp In den altehrwürdigen Räumen des Waisenstifts, im Regentenzimmer und in der Halle, finden festliche Veranstaltungen, Konzerte und Trauungen statt.

62 Der Schrottkunst-Garten

Gut gebrüllt, Löwe! Kunst aus altem Eisen

Eine Löwenmähne aus Fahrradketten. Das muss einem erst einmal einfallen, und dann braucht es neben der Idee noch viel Talent und handwerkliches Geschick, bis großartige Kunst herauskommt. Die Rede ist von Diedel Klöver, der sich mit Schrottkunst einen Namen gemacht hat. Bei dem Löwen aus seiner Werkstatt, die auf dem Weg nach Dangast liegt, sieht man sehr gut, was seine Kunst so einzigartig macht: der Kontrast zwischen dem starren schweren Eisen und der bewegten leichten Darstellung einer Tierfigur.

Wilde Tiere sind sein Lieblingsmotiv. Sein weitläufiger Garten, der seit mehr als 20 Jahren bei der »Yard-Art« zum offenen Ausstellungsgelände wird, ist voll davon: Ein meterlanges Krokodil liegt flach auf dem Boden und reißt groß sein Maul auf, eine riesige Giraffe mit rostroten Flecken streckt ihren schmalen Hals in die Luft, eine metallisch glänzende Klapperschlange züngelt sich nach oben. Alles ist bei ihm immer in Bewegung. Die Ideen des Künstlers entstehen zumeist spontan im Kopf, es gibt keine Zeichnung, sondern nur das Material – und dann wird losgelegt und geschweißt.

Klöver ist ein Meister der Oberflächentextur: Seine Tierfelle aus Schrott sind so lebensecht, dass man sie am liebsten streicheln würde. Aus vielen weißen Zündkerzen entstand ein Eisbär, aus Hunderten von Schraubmuttern ein Gepard im wilden Lauf. Zu seinen persönlichen Lieblingsobjekten gehört ein sehr intensiv blickender Gorilla, ein ausgesprochen lebendig wirkender Silberrücken. Sehr bekannt wurde er mit einer Schrottskulptur, die den weltberühmten Leichtathleten Usain Bolt in seiner mindestens ebenso berühmten Pose zeigt: »Bolt of Bolts« – ein »Bolt aus Schrauben«, ein doppelsinniges Wortspiel.

Die Kunst aus altem Eisen ist auf vielen Plätzen am Jadebusen zu bewundern: etwa in Varel, Dangast, Jever und Wilhelmshaven. Und jede der spektakulären Tierskulpturen ist unverkennbar ein echter Klöver.

Adresse Dangaster Straße 96b, 26316 Varel, Tel. 04451/5519, www.yard-art.de | Tipp Nach einem Besuch des Skulpturengartens kann man sich gleich nebenan im Yardcafe Linde entspannen, Fr–So 14–18 Uhr.

63 Die Sielschleuse

Vom Vareler Hafen hinaus aufs Meer

Eine Schleuse ist ein Bauwerk, das Wasserstraßen mit unterschiedlichem Wasserstand miteinander verbindet. Das zentrale Element ist normalerweise eine Schleusenkammer, in der die Schiffe schwimmend angehoben oder abgesenkt werden. Bei Sielschleusen hebt und senkt sich hingegen nicht eine Kammer im Innern der Schleusenanlage, sondern die Umgebung draußen. Je nach Stand der Gezeiten, ist der Wasserstand draußen vor der Schleuse sehr viel höher oder sehr viel tiefer als im Inneren des Hafengeländes. Die Durchfahrt durch die Schleuse ist nur in einem begrenzten Zeitraum möglich: immer dann, wenn das Außenwasser der Nordsee und das Innenwasser des Hafens Gleichstand haben.

Eine Sielschleuse ist notwendig, wenn ein Hafen hinter dem Deich liegt und nicht davor. Das ist am Wattenmeer häufig der Fall bei älteren historischen Häfen, die im Laufe der Zeit verlandeten und durch einen vorgelagerten neuen Deich nicht mehr direkt am Meerwasser liegen. So auch am lang gestreckten Hafen von Varel, der an seinem Ende die weit vorgelagerte Deichlinie mit einer Schleuse zum offenen Wattenmeer durchbricht. Sie wurde 1846 angelegt, als man zeitgleich den Südender Außengroden eindeichte.

Die Sielschleuse machte den vorher schlickigen Vareler Anlegeplatz überhaupt erst zu einem »echten« Hafen mit Handel und Industrie. Seine Blütezeit erlebte er dank Schleuse ab Mitte des 19. Jahrhunderts. 1857 wurden 634 Schiffsbewegungen gezählt. Die Niederlande unterhielten in Varel ein eigenes Konsulat, auch der Viehhandel mit England boomte für eine kurze Zeit. Als die Eisenbahn kam, war es damit schnell vorbei. Der Vareler Hafen verlor ab 1865 schon wieder seine Bedeutung.

Nach der schweren Sturmflut von 1962 entschied man sich für den Bau einer neuen Drei-Kammer-Schleuse. Die Wilhelm-Kammann-Schleuse nahm 1977 ihren Betrieb auf und schleust heute vorwiegend Fischkutter und Freizeitboote.

Adresse An der Schleuse 3, 26316 Varel, Tel. 04451/3600 | Öffnungszeiten April–Okt. 6–22 Uhr, Schleusungen bei Hochwasser siehe www.hafen.varel.de | Tipp Der Weg am Hafen entlang zur Schleuse, am Mündungsschöpfwerk vorbei und am Vareler Tief wieder zurück ist eine schöne vier Kilometer lange Rundtour.

64 Die Sturmflutsteine

Jahreszahlen und Höhenmarken

Dangast ist das älteste Seebad an der deutschen Nordseeküste. Die Geschichte des »Seebade-Etablissements« reicht wohl bis ins späte 18. Jahrhundert zurück. Belegt ist, dass der damalige Regent der Herrlichkeiten Varel und Kniphausen 1802 Land auf der Düne in Dangast kaufte, um der Dame seines Herzens am Jadebusen eine Badeanstalt nach englischem Vorbild einzurichten.

Dass es Dangast in der heutigen Form gibt, ist seiner besonderen Lage zu verdanken: Es befindet sich auf einem vor Sturmfluten sicheren Geestrücken, ein Überbleibsel aus der letzten Eiszeit. Auf diesem stabilen und erhöhten Flecken direkt am Meer hatte man den gesamten Ort einst umgezogen, nachdem die ursprüngliche Siedlung, das alte Dangast, nach den großen Sturmfluten des Mittelalters, der Marcellusflut und der Antoniflut im 14. und 15. Jahrhundert, plötzlich viel zu dicht am Meer lag.

Auch die nächste prägende Figur des Orts, Carl Gramberg, der 1882 das bereits bestehende »Conversationshaus«, das heutige Kurhaus, erwarb, schützte sein Eigentum schnell vor dem nahen Wasser: Er ließ entlang der Kurhauspromenade eine große Steinmauer zur Absicherung errichten, die bis in die Gegenwart ihre Aufgabe bestens erfüllt.

Wie hoch die Sturmfluten in der Vergangenheit selbst das durch seine besondere Lage privilegierte Dangast erreichten, zeigen die grün bemoosten Sturmflutsteine am Deich neben dem Dangaster Siel. Sie erinnern an die Stürme von 1717, 1825, 1855, 1906, 1962 und – der einzige aus dem 21. Jahrhundert – 2006. Die Allerheiligenflut vom 1. November 2006 war amtliche 5,33 Meter hoch und damit die stärkste Orkanflut, die das Nordseebad bislang gesehen hat. Sie war elf Zentimeter höher als der Jahrhundertsturm, der die deutsche Nordseeküste 1962 traf. Die Höhenmarke 5,22 Meter, die an dieses historische Ereignis erinnert, ist an einem der Sturmflutsteine direkt abzulesen.

Adresse Hafen, Sielstraße, 26316 Dangast | Tipp Zum Schutz vor eindringendem Wasser, aber hauptsächlich zur Entwässerung des Binnenlands dient das Siel neben den Flutsteinen. Gut zu sehen, wenn sich die Sieltore bei Ebbe automatisch öffnen, um Wasser vom Dangaster Binnentief in die Nordsee hinauszulassen.

65 Anfang und Ende der Tour

Mit Fähre und Rad rund um den Jadebusen

Ohne Fähre geht's nicht. Wer bei dem Rundkurs um den Jadebusen den Kreis schließen will, muss die Meerenge queren, die dem Jadebusen im Norden seine typische Form und seinen Flaschenhals verleiht. Nur knapp acht Kilometer gerade Wasserlinie sind es, die zwischen Eckwarderhörne und Wilhelmshaven liegen. An manchen Tagen ist das andere Ufer zum Greifen nah: Vom Anleger in Wilhelmshaven aus sieht man klar das Leuchtfeuer Preußeneck mit seinem roten Stahlgerüst grüßen, und von Eckwarderhörne aus blickt man auf die Hafenanlagen von Wilhelmshaven am Horizont.

Sehr beliebt sind auch Tagesausflüge von Butjadingen nach Wilhelmshaven, oder umgekehrt. Die einen wollen die lebendige Hafenstadt erobern, die anderen das eher ländliche Butjadingen kennenlernen, das mit seinen vielen Radwegen für eine Entdeckung auf zwei Rädern geradezu prädestiniert ist.

Im Sommer und in der Hauptferienzeit der Bundesländer, von Anfang Juni bis einschließlich Ende August, wird mittlerweile wieder ein Fährdienst angeboten. Die Reederei Warrings fährt zweimal täglich Ausflügler auf die andere Seite und wieder zurück und betreut sehr umsichtig den Transport der vielen Drahtesel, die zunehmend mit einem Elektromotor ausgestattet sind.

Auf Wilhelmshavener Seite ist der Helgolandkai seit März 2022 wieder runderneuert. Zusammen mit dem Wangeroogekai wurde drei Jahre lang der alte Vorhafen für zwölf Millionen Euro saniert, sodass die Ausflugsschifffahrt auf der westlichen Seite des Jadebusens voll einsatzbereit ist. Von der Reederei Adler werden sogar wieder Fahrten mit dem Katamaran nach Helgoland angeboten.

Auf Butjadinger Seite stand man Ende 2023 noch am Anfang des Kampfs um staatliche Fördermittel in Höhe von zwei Millionen Euro für einen neuen Fähranleger in Eckwarderhörne. Er ist zentraler Bestandteil des großen touristischen Zukunftsprojekts der Region namens »JadeCycleCircle«.

Adresse Hafen Eckwarderhörne, 26969 Butjadingen, und Helgolandkai, 26382 Wilhelmshaven | Öffnungszeiten ab Eckwarderhörne um 9.45 und 17.45 Uhr nach Wilhelmshaven, ab Wilhelmshaven um 9 und 17 Uhr nach Butjadingen, www.reederei-warrings.de | Tipp Eckwarderhörne ist auch eine Etappe auf der Deutschen Sielroute, auf der man die ganze Halbinsel Butjadingen umrunden kann.

66 Die Deichschäferei

Küstenschutz auf die tierische Art und mit vier Hufen

Die Deichlinie vor dem Langwarder Groden westlich von Fedderwardersiel ist lang. Auf 13 Kilometern schützt sie die Küste vor den Sturmfluten der Nordsee, die an der obersten und frei liegenden Spitze des Butjadinger Fingers besonders stark am Land reißt. Der überlebenswichtige Schutzwall muss top in Schuss sein, und dabei kommt es vor allen Dingen auf die Festigkeit der oberen Grasnarbe an. Dafür sorgt unablässig eine große Schafherde. Mit dem Trippeln ihrer Hufe befestigen die Tiere auf ganz natürliche Art die riesigen Flächen des Deichs und halten das Gras durch Beweidung gleichzeitig schön kurz.

500 Mutterschafe gehören zur Deichschäferei Feldhauserdeich, die die Familie Plümer seit November 1980 betreibt. Besonders schön ist das tierische Treiben von März bis August anzuschauen, denn dann kann man ganz viele Lämmer mit ihren Müttern auf dem Deich herumspringen sehen. Vorher sind sie noch im Stall.

Doch auch der Hof selbst, direkt an der Ecke vom Feldhauserdeich Richtung Langwarden und am westlichen Eingang zum Langwarder Groden gelegen, lohnt einen Besuch. Dass es hier um Schafe geht, sieht man gleich am Eingang mit seinen weißen Hinweisschildern im tierischen Format. Das »Melkhus« lädt zur Selbstbedienung ein und ist für Radfahrer und Ausflügler eine willkommene Station, um eine gesunde Rast mit viel Gutem aus der Milch einzulegen. Kaffee gibt es freilich auch.

Ebenfalls lohnend ist der Blick in den Hofladen. Dort kann man jede Menge aus Wolle erwerben: Wollflorjacken, Wollflorwesten, Socken, Schafwollsocken und Strickgarne aus reiner Wolle. Aber auch vieles aus Fell: helle und dunkle Felle, Babyfelle, Haus- und Handschuhe, Babyschuhe, Fahrradsattelkissen und sogar Kinderspielzeug. Aus eigener Produktion stammt auch Leckeres vom Lamm: Es gibt Salami oder Schafskäse – alles mit dem Geschmack der Nordsee.

Adresse Feldhauser Straße 2, 26969 Langwarden, Tel. 0172/7329704, www.deichschaeferei-feldhausen.de | Öffnungszeiten Hofladen variabel wegen Tierhaltung, 12.30 – 15 Uhr Mittagspause, Melkhus 10 – 18 Uhr (Saison) | Tipp Ist man so nah am Langwarder Groden, muss man auf jeden Fall über den Deich und durch die einmalige Salzwiesenlandschaft dahinter streifen.

67 Die digitale Info-Säule

Touristische Datenfluten inmitten wilder Natur

Wenn man ganz genau hinschaut am Eingang zum Langwarder Groden, dann sieht man am oberen Ende der Informationssäule, unterhalb des Windrads, ein kleines graues Kästchen. Es ist von dieser Seite kaum zu erkennen, aber es handelt sich um die Rückfront einer Kamera. Sie richtet ihre Linse auf den Rundweg durch die Salzwiesenlandschaft des Nationalparks Wattenmeer und sammelt Bewegungsdaten. Jeder Gast, der hier entlang geht, wird gezählt. Laut den Tourismusverantwortlichen werden dabei keinerlei persönlichen Daten erfasst, sondern nur Bewegungspunkte ausgewertet, streng nach den Vorgaben des Datenschutzes.

Am Langwarder Groden hat man eine bestehende Informationssäule mit älteren Erklärtafeln zur digitalen Sammelstation umfunktioniert und ihr das entsprechende Equipment, wie eine autarke Energieversorgung, oben aufgesetzt. An anderen touristisch relevanten Stellen in Butjadingen, etwa den Hotspots in Burhave, Fedderwardersiel und Tossens, wurden speziell entwickelte Informationsstelen mit Kameras zum Datenschöpfen aufgestellt.

Durch das Erfassen der Bewegungsdaten können die Touristiker nun in Echtzeit über aktuelle Auslastungszahlen informieren. Das geschieht digital, über Webseiten, Apps – wie den digitalen Reiseführer – oder öffentliche Displays in den Touristenorten. Ist etwa in der beliebten Nordseelagune zu viel Betrieb, dann steht die »digitale Besucherampel« auf Rot und schlägt sogar ein neues Ziel vor. Lange Wartezeiten und volle Parkplätze könne man sich als Gast somit ersparen und frühzeitig neu planen, so die Betreiber.

Auch für die Lenkung der Besucher ist die Lösung attraktiv, können die Gäste so doch besser über das gesamte touristische Angebot verteilt werden. Wenn es also am Strand zu voll sein sollte, dann geht es vielleicht als Alternative in den Langwarder Groden. Und da sieht man garantiert immer Grün, jedenfalls in der analogen Welt.

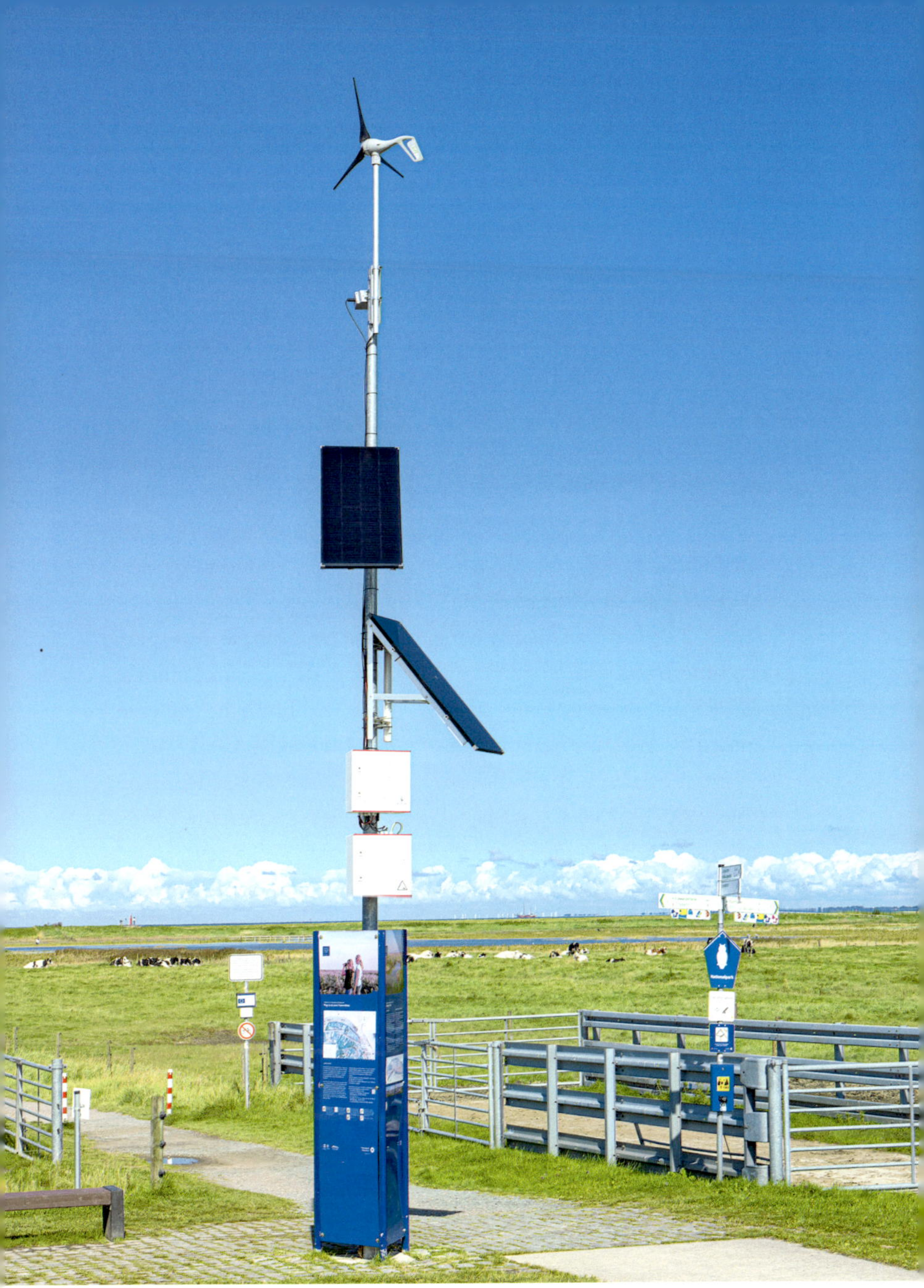

Adresse Langwarder Groden, östlicher Eingang, Nähe 26969 Fedderwardersiel | Info Auch auf der westlichen Seite des Jadebusens, im Wangerland, finden sich an Strandzugängen und öffentlichen Parkplätzen hohe Stelen mit Sonnenkollektoren und Kameras. Sie erlauben die digitale Besucherlenkung etwa in Schillig.

68 Die Glocke mit Sprung

Die Marienglocke: zurück, aber auf ewig stumm

Bis ins Mittelalter gab es in Langwarden einen Hafen, und der Ort war ein Knotenpunkt des Seehandels. Davon zeugt auch sein Wahrzeichen, die um 1150 erbaute St.-Laurentius-Kirche. Sie ist eine der ältesten der gesamten Wesermarsch. Das Gotteshaus, ursprünglich aus Eifeltuffstein auf einer Warf gebaut, hat im Laufe der Jahrhunderte viele Änderungen erfahren: 1844 wurden die Querhausarme abgetragen, 1903 wurde das Hauptschiff um sieben Meter gekürzt und ein dreigeschossiger Glockenturm errichtet.

Im Sommer 1825, als Carl Friedrich Gauß zur Landesvermessung gut zwei Wochen in Langwarden weilte (siehe Ort 80), gab es den hohen Glockenturm von heute noch nicht. Stattdessen musste er sich mit einem kleinen Turmreiter auf dem Dachfirst begnügen. Um diesen herum baute man von außen eine Beobachtungsplattform, zu der Gauß über ein großes Gerüst an der Außenmauer der Kirche hochstieg. Im Innern der Laterne musste zudem eine kleine Glocke weichen.

Die Glocken der Kirche könnten wahrlich viele Geschichten erzählen: Auf einem Bild stehen drei schwere Glocken nebeneinander auf dem Boden. Eine von ihnen wurde später zur »Heldenglocke«, da sie im Zweiten Weltkrieg zu Rüstungszwecken abgegeben werden musste. Ihre Schwester war die »Friesenglocke«, die heute noch oben im Kirchturm schlägt. Sie wurde 1930 gefertigt, allerdings aus einem traurigen Anlass. Denn beim Einläuten für den Gottesdienst zur Konfirmation im gleichen Jahr hatte die uralte »Marienglocke« der St.-Laurentius-Kirche aus dem Jahr 1468 einen Sprung bekommen. Man verkaufte sie an das Landesmuseum in Oldenburg, das sie der Kirchengemeinde im Jahr 2000 zum Jubiläum als Dauerleihgabe wieder zur Verfügung stellte. Seitdem steht die Marienglocke zu ebener Erde links neben dem Kirchturm. Auf ihr zu sehen ist neben Christus am Kreuz und dem heiligen Laurentius auch Maria mit dem Kind – und daneben der große Riss.

Adresse Langwarder Straße 98, 26969 Langwarden, Tel. 04483/9305254 | Tipp Die St.-Laurentius-Kirche besitzt eine wertvolle historische Orgel aus dem Jahr 1651, das bedeutendste erhaltene Orgelwerk aus der Mitte des 17. Jahrhunderts an der gesamten Nordseeküste. Sie erklingt zu Gottesdiensten und Sommerkonzerten.

69__Das Hafenmeisterhaus

Als Fedderwardersiel noch Handelshafen war

Das Fahrwasser der Weser bestimmte ganz wesentlich das Schicksal von Fedderwardersiel. Als es noch nahe der Küste Butjadingens verlief, sorgte es Mitte des 19. Jahrhunderts für eine erste große Blütezeit. Denn über den Hafen von Fedderwardersiel entfaltete sich ein reger Handel. Hier wurden Getreide, Kartoffeln und alles, was der ertragreiche Ackerbau in der fruchtbaren Marsch hergab, verkauft. Dafür erhielt man im Gegenzug die begehrten Kolonialwaren von Schiffen, die aus ganz Europa und Afrika eintrafen. Fedderwardersiel war in dieser Zeit der größte Hafen an der Außenweser, sollte sogar Cuxhaven überflügeln.

Bis zu 200 Schiffe hatten hier im Winter ihren Heimathafen. Rund um das große Hafenbecken, das man 1821/22 in einer Deichnische angelegt hatte, reihten sich die neuen Häuser der Kapitäne, Schiffer und Lotsen. Das kleine Fischerdorf wuchs und prosperierte sichtbar: Es gab ein Zollamt, eine Lotsenstation und ein Lagerhaus für Getreide. Heute sind dies historische Sehenswürdigkeiten von Fedderwardersiel – wie etwa das weiße Hafenmeisterhaus, das zwischen 1854 und 1860 erbaut wurde. Oben im hohen Giebel der Fenstergaube sieht man noch den Hebekran, über den man einst schweres Gut hochziehen und innen lagern konnte.

Fedderwardersiel ist heute kein Handelshafen mehr, sondern ein Fischereihafen. Denn der Fedderwarder Priel verschlickte zusehends, und das Weserfahrwasser verlagerte sich im Laufe der Zeit so weit, dass die Schifffahrt zu den Häfen der Unterweser schon 1890 verboten wurde. Eine Katastrophe für die Einwohner. Viele Familien mussten den Sielort damals verlassen, andere orientierten sich um. Sie versuchten es mit der Fischerei. Mit Erfolg. Im 21. Jahrhundert sind es besonders die malerischen Krabbenkutter, die dem mittlerweile mehr als 200 Jahre alten Hafen seine Atmosphäre geben und ihm eine zweite Blütezeit beschert haben (siehe Ort 72).

Adresse Am Hafen 10, 26969 Fedderwardersiel | Tipp Nur wenige Meter weiter befindet sich das Nationalparkhaus Wattenmeer, ein Museum zum Mitmachen und Entdecken, in dem man viel über das UNESCO-Weltnaturerbe zu seinen Füßen lernt – und wie man die einmalige Pflanzen- und Tierwelt darin schützen kann.

70__Der Himmelskratzer

Hörbare Kunst im Turmbau zu Babel

Die Sitze und Lautsprecher ringsherum entdeckt man erst auf den zweiten Blick. Auf den ersten Blick sticht zunächst dieses hoch aufragende Monument ins Auge. Direkt hinter dem Deich bei der Deichschäferei und mit Blick auf die weiten Wiesen von Feldhausen ist dieses Gebilde aus vielen Stahlrohen ein echter Hingucker. Das Kunstwerk trägt den Titel »Turmbau zu Babel – die Hütte Gottes bei den Menschen«.

Es wurde im September 2010 eingeweiht, als eine neue Station und ein separater Abschluss des »Skulpturenpfads am Jadebusen« mit seinen bis dahin 14 Kunstobjekten im öffentlichen Raum (siehe Ort 51 und Ort 75). Entwurf und Ausführung lagen in diesem Fall bei einem Architekturbüro aus Nordenham und nicht, wie bei den anderen Figuren, in den Händen der Bildhauer. Was bei der gewagten Konstruktion, deren Stahlspitzen dramatisch am Himmel über Langwarden kratzen, nicht weiter überrascht.

Babel ist nicht nur für seinen Turm bekannt, dessen »Spitze bis an den Himmel« reichen sollte, sondern auch für die »Babylonische Sprachverwirrung«, die Gott den Menschen zur Strafe für solchermaßen geäußerte Überheblichkeit und Anmaßung schickte, auf dass sie sich nicht mehr verstünden, trennten und der Bau zum Stoppen käme. So geschah es, dass die Menschen in alle Welt zerstreut wurden und Trost in der Hütte Gottes fanden.

Sprachliches spielt bei diesem Objekt nicht nur im Thema des Kunstwerks eine besondere Rolle, sondern auch in der Präsentation. Denn es ist zugleich einer von insgesamt fünf »Kunst-Hörstühlen« der Gemeinde Butjadingen. Man kann auf vielen Sitzen, die in den unterbrochenen Backsteinwänden der Einfassung eingelassen sind, Platz nehmen und den Klängen aus Lautsprechern lauschen, die die uralte biblische Geschichte vom Turm zu Babel vortragen. So wird die ausgestellte Kunst über viele Sinne erfahrbar, über die Augen – und die Ohren.

Adresse Feldhauser Deich, Höhe Deichschäferei, 26969 Langwarden | Tipp Butjadingen hat viele Kunstpfade zu bieten, darunter die »Kunstpromenade« am Strand, die auf drei Kilometern zwischen Burhave und Fedderwardersiel Objekte aus Holz, Metall, Stein und Marmor von weiteren sieben Künstlern zeigt.

71 Der hohe Richtungsweiser

Höchster Punkt Butjadingens: Oberfeuer Preußeneck

Unter den vielen Leuchttürmen am Jadebusen ist dieser besonders einen Stopp wert. Da wäre einmal sein Äußeres zu nennen: Statt gemauertem Backstein oder geringeltem Stahlturm sieht man ein sehr luftiges Gebilde: eine Stahlskelettkonstruktion auf vier schmalen, stelzenartigen Beinen, die schräg nach oben aufeinander zulaufen, dort zusammengehalten werden von einer offenen, runden Plattform mit Geländer, über die sich ein nach oben breiter werdender, geschlossener Blechkegel erhebt. In der Mitte schlängelt sich eine schmale Wendeltreppe mit Sicherungskorb nach oben.

Gebaut wurde das »Oberfeuer Preußeneck« 1962, in Betrieb war es genau 50 Jahre, bis 2012. In dieser Zeit war der Turm Teil der »Richtfeuerlinie Eckwarden«, die den Kapitänen im Jadefahrwasser den sicheren Weg nach Wilhelmshaven wies. Heute richtet sich die Schifffahrt nach der neuen »Richtfeuerlinie Jappensand«. Das 18,40 Meter hohe Unterfeuer befand sich damals auf einem Stahlrohr im Watt vor Butjadingen, während der rote Leuchtturm als Oberfeuer hoch auf dem Deich am Eckwarderhörne positioniert wurde. Dort steht er bis heute, zugleich markanter Aussichtspunkt und Denkmal.

Das Bauwerk endet in einer Höhe von exakt 44,75 Metern, was es zum höchsten Punkt der Region macht. Von der oberen Aussichtsplattform des Leuchtturms in 35 Meter Höhe genießt man einen phantastischen Rundblick über das Land, auf den Jadebusen und hinüber auf die andere Seite nach Wilhelmshaven zum JadeWeser-Port. Hinauf gelangt man nur mit einer Führung. Die untere Plattform wurde erst nachträglich in 18 Metern eingebaut und ist auch ohne Begleitung zu erklimmen.

Der Name Preußeneck erinnert an jene Zeit, als das Eckwarderhörne im Jadevertrag von 1853 Teil des preußischen Jadegebiets wurde und damit zu dem Terrain gehörte, auf dem die Beamten aus Berlin ihren Militärhafen Wilhelmshaven errichten sollten.

Adresse Eckwarder Straße, 26969 Butjadingen-Eckwarderhörne, Tel. 04736/507 | Öffnungszeiten www.oberfeuer-preusseneck.de | Tipp Wer nicht ganz schwindelfrei ist, für den bietet sich ein Besuch des ebenfalls unter Denkmalschutz stehenden Maschinenhauses am Leuchtturm an. Dort ist ein Dokumentationszentrum untergebracht, in dem man viel erfahren und sich viel anschauen kann.

72 Der Krabbenkutterhafen

Fangfrischer Granat aus den Schleppnetzen

In Fedderwardersiel betrieb man bis 1920 die Fischerei rein zum Nebenverdienst, man machte Beute mit Körben oder Stellnetzen. Erst im Laufe der 1920er und 1930er Jahre wurde das Geschäft professioneller. Immer mehr Schiffe waren mit Motoren ausgestattet, sodass sich die Fischerei mit Schleppnetzen zu lohnen versprach und man mit dem Krabbenfang begann. 1931 gründete sich schließlich als Ausdruck dieser gewonnenen Professionalität die Granatverwertungsgesellschaft in Fedderwardersiel. Sie schloss sich 1943 mit der bereits 1912/13 gegründeten Genossenschaft der Berufsfischer in Burhave zusammen. Fortan gab es die »Butjadinger Fischereigenossenschaft«.

Erst durch die Granatfischerei blühte der ehemals so bedeutende Handelshafen Fedderwardersiel (siehe Ort 69) nach langer Zeit des Niedergangs wieder auf. Sie war ein Segen für den Ort und die Menschen. Neben der Fischerei ist es heute aber vor allen Dingen der Tourismus, der im Hafenrund das Sagen hat. Für den Fremdenverkehr sind die vielen bunten Krabbenkutter ein großes Geschenk, verleihen sie doch allem ein idyllisches, maritimes Flair.

Nachts laufen sie meist aus und kehren mit frisch gefangenem Granat, wie die kleinen Nordseekrabben auf Platt heißen, wieder in den Hafen von Fedderwardersiel zurück. Dort kann man sie direkt vom Kutter kaufen und – selbst gepult – sofort verspeisen, eine Krabbe nach der anderen. Das ist der pure Geschmack der Nordsee!

Den Preis pro Kilo Granat bestimmen die Krabbenfischer nicht selbst, der wird an anderer Stelle gemacht. Auch drückt zunehmend die Konkurrenz aus den Niederlanden, die fast schon im industriellen Stil auf Krabbenfang geht, die Preise. Eine willkommene Abwechslung ist daher die »Regatta der Krabbenfischer« im Sommer – mit Rennen auf hoher See und ganz vielen Schaulustigen, die das alljährliche Spektakel der über die Toppen geflaggten Schiffe begeistert verfolgen.

Adresse Kutterhafen, 26969 Fedderwardersiel | Tipp Im Hafenrund liegt die Wega II vor Anker, ein Ausflugsschiff, das Fahrten ins Wattenmeer anbietet, etwa zum Leuchtturm Robbenplate, dem Kormoranturm oder zu den vorgelagerten Sandbänken. Infos unter www.cassen-eils.de/wega.

73__Die Lama-Ranch

Knuddeliges und Zotteliges zum Streicheln

Wenn man in Butjadingen von Langwarden nach Ruhwarden unterwegs ist, fährt man durch den kleinen Flecken Mürrwarden. An der schmalen Landstraße liegt ein ganz besonderer Hof: die »Lama Ranch Narvanas« von Manuela Seebach und ihrer Familie. Zu erkennen an dem großen Schild an der Eingangstür des Backsteinhauses und einem Lama, das vom Briefkasten freundlich grüßt, vor allem aber an zotteligen Tieren, die in natura in großer Zahl zu sehen sind: 26 Lamas und Alpakas sind auf einem 3,5 Hektar großen Grundstück zu Hause.

Seit 2002 werden hier erfolgreich Lamas gezüchtet. Es findet sich jede bekannte Art in der Herde, von Lamas mit leicht, mittel und stark bewolltem Fell bis hin zu seltenen Suri-Lamas, einer Kreuzung aus Lamas und Alpakas. Alles über diese Tiere mit ihrem ruhigen Gemüt kann man bei einer der regelmäßig stattfindenden Hofführungen erfahren. Zusammen mit einem Ranger geht es über die Weide und zu den Stallungen – am besten mit alten Schuhen oder Gummistiefeln, denn hier und da können schon einmal ein paar »Tretminen« der Vierbeiner herumliegen.

Dabei erfährt man alles über die kleinen Kamele: Denn biologisch gesehen gehören Lamas – wie auch Alpakas – zu den Kameltieren. Ein Alpaka ist kleiner als ein Lama, nur etwa 90 Zentimeter groß, im Vergleich zu einer Schulterhöhe von etwa 130 Zentimetern bei einem Lama. Auch wirkt der Körperbau eines Lamas ein wenig runder. Die Führungen auf der Lama-Ranch sind für wissbegierige Erwachsene und neugierige Kinder geeignet, die einen direkten Kontakt zum Tier aufbauen wollen, Nasenkuss inklusive. Feuchter wird es allerdings nicht: »Unsere Tiere spucken keine Menschen an«, versichern die Züchter.

Neben den Lamas und Alpakas gibt es viele andere tierische Lebewesen auf dem Hof: Esel, Ziegen, Hühner, Gänse, Pfaue, Wachteln, Kaninchen, Hunde, Katzen, Igel – und sogar ein Känguru. An diesem Ort gibt es wahrlich viel zu streicheln!

Adresse Langwarderstraße 130, 26969 Mürrwarden-Butjadingen, Tel. 0163/4183225, narvanas@live.de | Öffnungszeiten März–Okt. Sa 11 Uhr, mit Anmeldung | Tipp Naturnahe Tierhaltung gibt es auch am Deich des Langwarder Grodens zu sehen, bei der Feldhauser Deichschäferei mit ihrem Hofladen (siehe Ort 66).

74 Der Leuchtturm Hohe Weg

Auffallend: das dienstälteste Leuchtfeuer der Nordsee

Zwischen Jadefahrwasser und Außenweser steht er stolz und erhaben im Wattenmeer: Der Leuchtturm Hohe Weg ist Legende. Seit 1856 in Betrieb, ist er das älteste feste Leuchtfeuer, das in Deutschland an der Nordsee zu finden ist. 170 Jahre ist er bald alt und immer noch eine der wichtigsten Navigationshilfen der Schifffahrt. Er steht auf einer Sandbank am Ende eines Wattrückens, der sich über viele Kilometer vor Butjadingen erstreckt. Der Hohe Weg gab dem 36 Meter hohen Leuchtturm, der bei Flut im Meer steht und bei Ebbe trockenfällt, seinen Namen.

Mit seiner grünen Laterne und dem mit rot lackierten Aluminiumplatten verkleideten Turm sticht er allein schon farblich aus dem üblichen rot-weiß-geringeltem Design heraus. Er ist auch nicht rund, sondern achteckig, gemauert aus Hartbranntziegeln und gegründet auf einem Fundament in Pfahlbauweise, der Fuß umgeben von einem Steinsockel. Auffällig sind außerdem zwei begehbare Galerien aus Stahl sowie eine Anlegebrücke, die 1893 im Südwesten montiert wurde.

Dort befand sich seitdem auch ein sogenannter Semaphor, ein Windanzeiger, der die Kapitäne im Vorbeifahren über die aktuelle Windrichtung und -stärke auf Borkum und Helgoland informierte. 1976 abgebaut und saniert, verrichtet er seit 2005 in Bremerhaven an der Einfahrt zum Neuen Hafen seinen Dienst und erinnert an alte Zeiten, in denen es keine Satelliten für die Wettervorhersage gab.

Im Leuchtturm war Platz für bis zu vier Leuchtturmwärter. Es gab eine Zisterne, Lagerräume und mehrere Stuben für das Personal, die heute von in Not geratenen Wattwanderern überaus geschätzt werden. 1973 wurde der Leuchtturm als letztes aktives Leuchtfeuer voll automatisiert und die Leuchtturmwärter wurden abgezogen. Seitdem wird der Turm von Bremerhaven aus fernüberwacht.

Adresse Wattrücken Hoher Weg, 26969 Butjadingen; per Ausflugsschiff von Fedderwardersiel aus erreichbar, www.cassen-eils.de | Tipp Auch bei Briefmarkensammlern kann der Leuchtturm punkten: Zu seinem 150. Jubiläum hat die Deutsche Post im August 2006 die Sondermarke »Hohe Weg« herausgegeben.

75 Der östliche Skulpturenpfad

Noch mehr Kunst am Deich: »Die Sintflut«

Wo es einen östlichen Skulpturenpfad gibt, da wird es doch auch einen westlichen geben? Richtig! Der verläuft in Friesland, in sieben Stationen den Deich entlang, von Mariensiel bis hinunter nach Dangast (siehe Ort 51). Er ist den sieben Tagen der Schöpfung gewidmet und entstand 2000. Nur zwei Jahre später, im Sommer 2002, kam die fast identische Künstlergruppe wieder zusammen und startete ein Folgeprojekt zu dem so erfolgreichen ersten.

Das Projekt galt dieses Mal dem östlichen Jadebusen, der Wesermarsch. Die Deichbaustelle vom Augustgroden wurde zur Open-Air-Werkstatt der Bildhauer, und man legte wieder los. Das Thema für den zweiten Teil lautete: »Die Sintflut – Bewahrung der Schöpfung hinter dem Deich«. Es war damit eine inhaltliche Fortsetzung der ersten sieben Arbeiten zur Schöpfungsgeschichte. Auch im Osten des Jadebusens sollten sieben Objekte zu sehen sein, die 2003 entlang des Radwanderwegs positioniert wurden.

Beginnend am Schöpfwerk des Vareler Siels läuft der östliche Skulpturenpfad des Jadebusens über Stationen am Wapelersiel, bei Schweiburg am Deich, bei Hobenbrake, Beckmannsfeld und am Eckwardersiel hinauf bis zur siebten Station am Eckwarderhörne. Dort befindet sich direkt am Parkplatz hinter dem Deich ein sehr auffälliges monumentales Kunstwerk.

»Der Regenbogen« ist eine Stein- und Metallarbeit von Ivo Gohsmann aus Oldenburg. Es geht ihm um die »Bindung zwischen Himmel und Erde als Prinzip Hoffnung«, die er künstlerisch mit zwei Bogenformen umgesetzt hat, die sich optisch verschränken: Ein großer korrodierter geschlossener Ring erhebt sich in ganzer Größe hinter einem davorliegenden Bogen aus Stein. »Der Regenbogen« schließt künstlerisch die große Runde um den Jadebusen ab. Er ist das insgesamt 14. Objekt der langen Deichgalerie.

Adresse Zum Leuchtfeuer, Parkplatz beim Fähranleger, 26969 Eckwarderhörne | Tipp An der Spitze Butjadingens, in Langwarden am Feldhauser Deich, wurde der Skulpturenpfad 2010 um ein weiteres Objekt ergänzt, den »Turmbau zu Babel«, ebenfalls eine markante Sichtmarke im Gelände (siehe Ort 70).

76 Der Rast- und Brutplatz

Das Vogelparadies Langwarder Groden

Ganz oben, an der Daumenspitze des Landfingers Butjadingen, hat sich eine einzigartige Salzwiesenlandschaft wie eine Kappe vor die Küste und den langen Deich gelegt: der Langwarder Groden. Er ist das Hauptquartier für viele Gänsearten, wie Ringelgans, Brandgans und Nonnengans, die sich bei ihrem jährlichen Vogelzug im Herbst und im Frühjahr in riesigen Schwärmen auf einer 70 Hektar großen Wiesenfläche einfinden. Auch Wiesenvögel, wie Kiebitze, Rotschenkel oder Säbelschnäbler, lassen sich äußerst gern zum Brüten nieder.

Es gibt in Butjadingen keinen besseren Ort zur Vogelbeobachtung. Beobachtungsstände, eine Vogelbeobachtungshütte, zwei Fernrohre und interaktive Modelle, etwa zum Erkennen von Vogelspuren im Sand, machen den Besuch zu einem großartigen Erlebnis.

Der Nationalparkverwaltung Niedersächsisches Wattenmeer betreut noch eine weitere, ebenfalls 70 Hektar große Salzwiesenentwicklungsfläche. Das alles ist zu entdecken auf einem vier Kilometer langen Rundwanderweg und einem zwei Kilometer langen Naturentdeckungspfad. Ein Highlight ist ein langer Bohlensteg, der bei Ebbe weit über feuchtes und morastiges Gelände führt, bei Flut direkt übers – manchmal auch durchs – Wasser der überspülten Salzwiese. Über eine Brücke geht es noch weiter hinaus, auf den Vordeich, der einen extremen Weitblick auf die Nordsee bietet.

Trotz der extremen Lebensbedingungen ist die Salzwiese für Flora und Fauna ein ganz spezieller Lebensraum – für rund 50 Vogelarten, aber auch für fast 2.000 Insektenarten. 800 Arten davon sind endemisch, kommen also nur hier vor. Sie haben sich mit vielen Strategien an die Salzwiesenpflanzen und die ständigen Überflutungen angepasst (siehe Ort 41). Besonders sehenswert ist der Salzwiesenkäfer, ein sehr geschickter Baumeister, der zehn Zentimeter tiefe Wohnröhren anlegt. Erdhäufchen, groß wie eine Münze, zeigen, wo er wohnt.

Adresse Fedderwarder Deich zwischen Langwarden/Feldhausen und Fedderwardersiel, 26969 Butjadingen | Tipp Die MS Wega II im Hafen von Fedderwardersiel ist das einzige Ausflugsschiff, das sich trockenfallen lassen darf. Das gibt es nur im Wattenmeer – und sollte man einmal gemacht haben. Fahrplan und Info: www.cassen-eils.de/wega.

77 Die Seebrücke aus Holz

Weiter Blick: der Wattensteg bei der Nordsee-Lagune

Die Tourismuszahlen in Butjadingen liegen bei weit über einer Million Gäste im Jahr, mit der Perspektive auf noch mehr Wachstum. Für 2025 sind mehr als 1,4 Millionen Übernachtungen geplant, was ein Rekord wäre. Wie viele Küstenorte in Niedersachsen wurde auch Burhave von der Natur nicht mit einem Sandstrand ausgestattet, sondern mit einer Wiese am Deich, dem sogenannten Grünstrand. Dazu noch die Gezeiten, die bei Ebbe statt blauer Wellen die Aussicht auf eine riesige Fläche Wattenmeer liefern. Das ist zweifelsohne einzigartig und sehr schön, aber zum Baden eher ungeeignet.

Doch das kleine Nordseebad hatte eine clevere Idee und schuf 2007 ein außergewöhnliches Badeparadies: die »Nordsee-Lagune«, ein 2.500 Quadratmeter großer See, im Sommer stets gefüllt mit frischem Salzwasser aus dem Meer. Er liegt vor dem Deich und ist durch einen schmalen Damm von der Nordsee getrennt. Der »weltweit einzige tideunabhängige Meerwasser-Badesee«, verspricht das lesenswerte Tourismusmagazin »Butjenter«.

Zum speziellen Nordsee-Erlebnis trägt in Burhave seit 2006 ebenfalls der Wattensteg bei. Ähnlich den Seebrücken, die man von Ostseebädern kennt, streckt sich neben der Nordsee-Lagune ein 200 Meter langer hölzerner Bohlensteg weit ins Meer hinaus. Mal führt er über Meereswogen, mal über silbergraues Watt, in jedem Fall bietet er phantastische Aussichten auf Bremerhaven und die vielen vorbeiziehenden Schiffe und Frachter im Mündungsgebiet von Jade links und Weser rechts.

Wer von der Nordsee-Lagune in Burhave westlich zum Hafen von Fedderwardersiel spaziert (siehe Ort 69), den begleiten über drei Kilometer Bildhauerarbeiten auf einer abwechslungsreichen Kunstpromenade. Ganz zu Anfang steht »Die Mettje«, eine Metallarbeit von Bärbel Deharde, die ebenfalls die bekannte Skulptur »Blanker Hans« in Tossens entworfen hat (siehe Ort 78).

Adresse Nordsee-Lagune, Badestrand, 26969 Burhave | Tipp Das Wattenmeer vor Burhave und Fedderwardersiel gehört zu der am tiefsten in die Nordsee hineinragenden Wattfläche an der Nordseeküste. Wenn das blaue Wasser weicht, dann sollten auch Sie einmal den Meeresgrund zu Fuß erkunden.

78 Der sichtbar Unsichtbare

Der Blanke Hans tobt täglich auf dem Deich

Die Skulptur aus glänzendem Edelstahl dürfte zu den meistgesehenen der ganzen Wesermarsch gehören. Sie steht in Tossens, dem beliebten Urlaubsort mit Badestrand und großen Ferienanlagen, wie der von Center Parcs. Wer zum Wasser will, muss über den Deich, und läuft damit direkt auf sie zu und über viele Treppen zu ihr hinauf. Dargestellt ist der »Blanke Hans«, so der Titel des Kunstwerks. Die tobende Nordsee – wenn sie auf diesen Deich trifft, dann schlägt sie unbarmherzig zu. Das Wissen um diese latente Gefahr prägt auch Butjadingen.

Die Künstlerin Bärbel Deharde, von der das Objekt stammt, hatte sich bei der ihr zugetragenen Aufgabe, den Deichübergang neu zu gestalten, an ihre Kindheit in Tossens erinnert: an die Sturmflut von 1962 und die zertrümmerte Strandhalle. So entstand die künstlerische Idee, die meist verborgene Urgewalt der Nordsee sichtbar zu machen. 2007 wurde das Objekt mit dem Menschen unter einer gewaltigen Welle, 4,20 Meter hoch, installiert.

Sie ist eine von mehreren Figuren, die die Künstlerin »Unsichtbare Sehenswürdigkeiten« nennt. Zwei aus dieser Reihe mit insgesamt acht Kunstwerken im öffentlichen Raum befinden sich in der Gemeinde Jade, vier liegen in Butjadingen. Sie erinnern an untergegangene Dörfer, an eine Wassernixe, an eine historische Schlacht oder das früher aus dem Torf gewonnene Friesensalz. Die Objekte sind aus rundgebogenem Edelstahl gefertigt, wie in Tossens, aber auch aus rostbraunem Cortenstahl für eher spitzkantige Gebilde.

Der »Blanke Hans« auf dem Deich ist nicht nur ein Kunstwerk zum Anschauen, sondern auch eine Klanginstallation, die von der Künstlerin Ute Extra und einem Sprecherteam realisiert wurde. Die zwei Künstlerinnen präsentieren in Tossens und anderen authentischen Orten der Wesermarsch somit Sichträume wie Hörwelten, erzählen von verborgenen Stätten, versunkenen Welten und vernichtenden Naturgewalten.

Adresse Deichübergang Tossens, Strandallee 35, 26969 Tossens-Butjadingen | Tipp Eines der rostbraunen Großobjekte aus Cortenstahl ist in der Galerie Schönhof, Bundesstraße 97, 26349 Jade zu sehen: der »Salz-Torf-Kegel«.

79 Der Touristen-Spielplatz

Strandvergnügen vor der Kulisse Wilhelmshavens

Tossens ist der Badeort in Butjadingen, der sein komplettes Angebot auf Familienurlaub mit jungen Kindern optimiert hat. Wer mit seinen Kleinen erst einmal den Deich erklommen hat, kann sich den Rest des Tages entspannen. Auf dem Grünstrand ist viel Platz zum Toben, und auf dem Sand des Piratenstrands wartet ein Abenteuerspielplatz darauf, vom Nachwuchs entdeckt zu werden. Die kleinen »Freibeuter von Tossens« finden dort eine Seilbahn, ein Kletternetz und viel Aufregendes mehr zum Kapern.

Eine Premiere feierte man in Tossens mit dem ersten Babystrand Deutschlands. Dabei handelt es sich um einen speziellen Strandabschnitt, der auf die Bedürfnisse der Allerkleinsten und ihrer Eltern maßgeschneidert ist. Hier ist der Sand besonders fein und gleich mehrfach durchsiebt. Es wurden Glaswände installiert, die vor starkem Wind, der an der Nordsee bekanntlich öfters bläst als anderswo, schützt. Dazu überspannen extragroße Sonnensegel den Strand, sodass die Kleinen stets vor starker Sonne und Sonnenbrand sicher sind, falls es doch einmal zu heiß werden sollte.

Das Besondere an Tossens ist jedoch seine Lage am Jadebusen: Es befindet sich genau gegenüber von Wilhelmshaven. Je nach Sicht liegen die Hafenstadt, der Marinehafen und die hohen Containerterminals vom JadeWeserPort zum Greifen nah. Selbst Deutschlands erstes LNG-Terminalschiff für Flüssiggas ist von hier zu sehen.

Auch die zertifizierte Wattführerin Birgitt von Thülen registriert gegenüber früher vermehrt Anfragen zu der spannenden Aussicht gegenüber. Sie bietet regelmäßig geführte Wattwanderungen im UNESCO-Weltnaturerbe vor Tossens an. Da geht es auch um kleine Lebewesen, um Wattwürmer und Krebse, Wattschnecken und Muscheln. Man kann wunderbar die Verästelungen im Watt sehen: die kleinen Rinnen, der große Priel – und selbst erleben, wie sich der große Jadebusen leert und wieder mit Wasser füllt.

Adresse Wattwandertreffpunkt, Nordseeallee 33a, 26969 Tossens, Tel. 0151/50542028 | Öffnungszeiten Termine unter www.wattwanderung-butjadingen-tossens.de | Tipp In Tossens befindet sich auch das »Center Parcs Park Nordseeküste« mit dem tropischen Erlebnisbad Aqua Mundo, das immer für warme Temperaturen sorgt.

80 Das Vermesser-Domizil

Die hohe Kunst der Triangulation

Langwarden, eine Ortschaft mit nur rund 290 Einwohnern, ist zu einer gewissen Berühmtheit gekommen. Das hat zum einen mit seiner exponierten Lage am äußersten Rand des Landfingers von Butjadingen zu tun, zum zweiten mit seinem sehr hohen Kirchturm, dem der St.-Laurentius-Kirche, und schließlich mit einem Mann, der die Vermessung des Königreich Hannovers zu seiner persönlichen Herausforderung und Aufgabe gemacht hatte: Carl Friedrich Gauß.

Die komplette Landesvermessung dauerte insgesamt 23 Jahre, von 1821 bis 1844. Während Gauß später die Vermessung vor Ort Assistenten überließ, unternahm er anfangs die Reisen und die anstrengende Arbeit noch selbst. Dabei machte er sich das mathematische Verfahren der Triangulation zunutze, bei der man zur Bestimmung eines Dreiecks nur die Länge einer einzigen Seite benötigt, um über Winkelfunktionen die anderen zu berechnen. Diese eine Basislinie gab es bereits seit 1820, bei Braak, östlich von Hamburg.

So machte sich Gauß ab 1821 auf den Weg und warf ausgehend von dieser Basis Dreiecksnetze übers Land. Für die Winkelmessung setzte er auf neueste Technik und nutzte einen Theodolit. Dabei handelte es sich um ein Gerät zur Präzisionsmessung für Winkel mit einem aufgesetzten Fernrohr. Von ihm sogar erfunden wurde der Heliotrop, mit dem man Licht so umlenken konnte, dass auch ein sehr weit entfernter Punkt mittels Sonnenreflektion sichtbar wurde. Beides unförmige und schwere Geräte, die auf die Türme und Aussichtspunkte des Königreichs hinaufgewuchtet werden mussten.

Am 27. Juni 1825 kam Gauß in Langwarden an und stieg bis zum 12. Juli in einem Wirtshaus ab. Auf dem alten Zehn-DM-Schein, der bis 2002 Gültigkeit hatte, war das Ergebnis dieser Untersuchung zu sehen: das Triangulationsnetz von 1824/1825 mit den fünf Dreiecken zwischen Langwarden, Wangerooge, Neuwerk, Bremerlehe, Varel und Jever (siehe Ort 27).

Adresse Langwarder Straße 112, 26969 Langwarden | Tipp Die originale Unterkunft des Universalgenies war eigentlich das repräsentativere Hauptgebäude zur Rechten. Zum »Carl Friedrich Gauß-Haus« mit einer Ausstellung über ihn wurde unübersehbar das kleinere Nebengebäude gekürt.

81 Die Vogelinsel Mellum

Zaungast in einer grandiosen Vogelwelt

Im Mündungsbereich von Jade und Weser liegt eine kleine Insel im niedersächsischen Wattenmeer: Mellum. Sie bildet die Spitze einer nahezu dreieckigen Fläche, die sich als gigantische Wattenlandschaft vor Butjadingen weit hinausstreckt. Mellum ist neben der Minsener Oog (siehe Ort 13) die zweite unbewohnte Insel im Jadegebiet. Sie gilt als Musterbeispiel für eine natürliche, vom Menschen unbeeinflusste Entwicklung. Von 1903 bis heute ist sie von sieben auf über 450 Hektar angewachsen.

Der Mensch ist nur ab und an Zaungast in dieser grandiosen Vogelwelt, die auf dem nur drei Mal zwei Kilometer großen Flecken in den Wogen der Nordsee brütet, rastet, jagt und frisst. Silber- und Heringsmöwen zählen mit über 5.000 Paaren zu den häufigsten Brutvögeln. Löffler, Schwarzkopfmöwen und Wanderfalken brüten ebenfalls. Auch Eiderenten gibt es zuhauf – ein Viertel des deutschen Bestands, seltene Weihen, eine Kormoran-Kolonie.

Im Winter wohnt auf Mellum keiner. Wenn es wärmer wird im Jahr, schlagen zwei bis vier ehrenamtliche Naturschutzwarte ihr Lager auf der Düneninsel auf, um das Schutzgebiet zu betreuen, die Vogelbestände zu erfassen und Daten für den Umwelt- und Naturschutz zu erheben. Ganz selten im Jahr, außerhalb der Brutzeit, und nur für eine begrenzte Anzahl an Personen, gibt es mit dem Schiff von Wilhelmshaven aus drei bis vier Exkursionen auf die Insel. Anker geworfen wird mitten im Watt, dann geht es zu Fuß weiter zu einem Beobachtungsturm.

Diese Sonderführungen werden vom Mellumrat durchgeführt, einem Naturschutzverein, der bereits seit 1925 besteht. Heute spielen zudem Umweltschutz und Forschung eine wichtige Rolle bei der Gemeinschaft, die die Vogel- und Brutgebiete auf allen drei Inseln, die in diesem Buch über den Jadebusen vorgestellt werden, betreut: Neben Mellum gehören dazu die Minsener Oog sowie die bewohnte Insel Wangerooge.

Adresse im Wattenmeer, per Schiff zu erreichen; vom Beobachtungsturm der Insel hat man den besten Blick auf das Vogelparadies und seine Dünen | Tipp Über Termine für die seltenen Exkursionen zur Vogelschutzinsel informiert der Mellumrat, www.mellumrat.de oder Tel. 04451/8419.

82 Die Wiesen der Marsch

In der Stollhammer Wisch: Revier bedrohter Vogelarten

Der Begriff Butjadingen beschreibt auch eine alte Naturlandschaft, die ein wenig größer war als das Gebiet der heutigen Gemeinde. Sie umfasste im Prinzip die ganze nördliche Halbinsel, die sich wie ein langer Finger vom südlichen Rand des Jadebusens in die Nordsee hineinstreckte. Butjadingen war zusammen mit Stadland seit dem 14. Jahrhundert eine Insel. Erst durch Eindeichungen verschmolz sie mit den Mooren im Süden. Butjadingen meint in seiner ursprünglichen, niederdeutschen Wortbedeutung – »buten« heißt »außerhalb« – nichts anderes als »Land jenseits der Jade«.

Diese Landschaft ist bis heute dünn besiedelt. Neben langen Deichlinien prägt eine weite, flache und feuchte Marschenlandschaft die Gegend. Sie ist das ideale Revier für bedrohte Wiesenvögel wie Rotschenkel, Kiebitze und Uferschnepfen, die in Scharen herbeifliegen, um zu brüten und den Nachwuchs aufzuziehen. Ein besonders großes und vogelreiches Feuchtwiesengebiet findet sich nordöstlich von Stollhamm, in der »Stollhammer Wisch«.

»Wisch« ist das plattdeutsche Wort für »nasse Wiese«, wovon es hier jede Menge gibt. Denn Wasserläufe und Gräben durchziehen das ganze weite Marschenland. Dazwischen liegen vereinzelt große Bauernhöfe, von dichten Bäumen umschlossen. Zäune braucht man hier nicht für Rinder, die meistens durch die Entwässerungsgräben auf ihren Weiden in Schach gehalten werden, die sie nicht überspringen können. Im feuchten Gelände findet sich auch Schilfröhricht, das einige Vogelarten für den Bau ihrer Nester verwenden.

Am östlichen Ortsausgang von Stollhamm geht es nördlich in den kleinen, aber asphaltierten Wischweg – und damit direkt hinein in diesen besonderen Naturraum. Unterwegs passiert man viele Brücken, die über lange Kanäle führen. Vor allen Dingen gibt es eine wunderbare Tierwelt zu entdecken, neben den seltenen Wiesenvögeln auch Frösche und Libellen.

Adresse Wischweg, 26969 Stollhamm-Butjadingen | Tipp Seit ein paar Jahren brütet in Stollhamm ein Storchenpaar auf einem Wagenrad eines Privatgartens. Bei der Betreuung hilft die Storchenpflegestation Wesermarsch, die man besuchen kann. Infos unter www.storchenstation.de.

83 Das Bronzezeit-Haus

Lebendige Archäologie: die ersten Siedler der Küstenmarsch

In der weiten Marsch zwischen den Orten Schwei und Rodenkirchen hat man 1971 einen sensationellen Fund gemacht: In der Gemeinde Stadland stieß man in der Nähe des Gasthauses Hahnenknooper Mühle auf die Reste einer uralten Siedlung. Bei Bauarbeiten für das neue Strohauser Sieltief fand man zunächst zwei Bauernhäuser, die durch die Bagger allerdings zerstört wurden. Dann entdeckte man eine dritte Hofstelle, deren Hauptgebäude vom Niedersächsischen Institut für Küstenforschung aus Wilhelmshaven nach allen Regeln der archäologischen Kunst fünf Jahre lang freigelegt wurde. Wie sich herausstellte, war es das älteste Bauernhaus, das man je an der deutschen Küstenmarsch gefunden hat: Es stammt aus der frühen Bronzezeit und ist unglaubliche 3.000 Jahre alt.

Das belegten weitere Funde an der Ausgrabungsstätte, insbesondere Gusstiegel und Gussformen aus Ton, mit denen Stücke aus Bronze geformt wurden. Reste von Gussformen zeigten zudem, dass man Halsringe als Schmuck herstellte. Auch Knochenreste und Pflanzenfunde halfen dabei herauszufinden, wie die Menschen in der Bronzezeit, etwa 900 Jahre vor Christ Geburt, in der Marsch lebten: von Viehhaltung, Grünland und Ackerbau.

Heute steht ein originaler Nachbau in unmittelbarer Nähe der Ausgrabungsstätte und lädt große wie kleine Besucher ein, auf Zeitreise in die Bronzezeit zu gehen. Ermöglicht wurde dies durch einen Förderverein, der unter wissenschaftlicher Begleitung den frühzeitlichen Hof wiederauferstehen ließ. Seit 2005 erhebt sich das gewaltige Gebäude aus der Marsch – rund 27 Meter lang, geschützt von einem mächtigen Reetdach.

Mit welchen Waffen wurde gejagt? Wie wurde gekocht? Was hat man gegessen? Wie hat man sich angezogen? Einen Einblick in die mühsame Existenz in der Marsch und den Kampf der ersten Siedler mit den Gezeiten kann man an kaum einem anderen Ort so lebensnah erhalten wie hier.

Adresse Hartwarderwurp, 26935 Stadland (an der B437 Richtung Rodenkirchen), Tel. 04732/8989 | Öffnungszeiten www.bronzezeithaus.de | Tipp Unterwegs lohnt ein Stopp in Norderschwei beim »Melkhus«, Olympiastraße 35. Die Milchraststätte bietet viel Leckeres aus der guten Milch der Wesermarsch.

84 Der Käsehof am Deich

Hof Butendiek: das Aroma der Nordsee

Wenn man von Seefeld Richtung Schwei fährt, dann öffnet sich nach etwa zweieinhalb Kilometern zur Rechten ein ausgesprochenes Idyll: Umgeben von langen Wassergräben erheben sich auf einem tiefer gelegenen Weiler gleich mehrere große Bauernhöfe aus dem satten Grün, alle im typischen Backstein-Fachwerkstil der Wesermarsch. Man blickt auf den Seefelder Außendeich.

Fast nebeneinander stehen hier das Weinkontor (siehe Ort 86) und der Hof Butendiek. Landlust pur verspürt man sofort an diesem Flecken – und kann dies auch schmecken. Denn mit dem Hof am Außendeich hat hier ein großer Familienbetrieb seinen Sitz, der spezialisiert ist auf den guten »Butendieker Käse«. 180 bunt gefleckte Kühe, die auf den nahen Nordseeweiden grasen, geben der Milch des Hofs ein besonderes Aroma und dem daraus hergestellten Käse einen einzigartigen Geschmack. Was hier seit 1987 von Käseliebhabern für Käseliebhaber hergestellt wird, geht an Naturkostläden in ganz Deutschland.

Für die Frischkäsesorten wird die Milch erst pasteurisiert, bevor man sie mit Milchsäurebakterien und Naturlab dickgelegt. Der so gewonnene Käsebruch wird nach dem Entmolken und Pressen veredelt – mit Gewürzen oder Kräutern, die teilweise erst dann geschnitten werden, wenn es für die Herstellung nötig ist. Frischer und natürlicher geht es nicht.

Der Schnittkäse hingegen entsteht aus Rohmilch, die frisch gesäuert und mit Naturlab dickgelegt wird. Kleine Mengen werden produziert, so kann man mit dem Geschmack ein wenig kreativ spielen: Mal wird der Käseteig mit Knoblauch verfeinert, mal mit Peperoni, mal mit frischen Kräutern oder feinen Gewürzen, bevor man ihn zu runden Laiben presst. Nach drei Tagen Ruhe im Meersalzbad werden sie von Hand in eine Schutzschicht eingehüllt, um dann im Ruheraum langsam zu reifen. Das kann je nach Sorte fünf Wochen oder sogar bis zu einem Jahr dauern.

Adresse Reitlander Straße 1, 26935 Stadland-Seefeld, Tel. 04734/218 | Öffnungszeiten Hofladen Mo–Fr 9–18 Uhr, Sa 9–12 Uhr, www.hof-butendiek.de | Tipp Wer unterwegs ist, sollte unbedingt einen Stopp an einem der typischen Melkhüs einlegen, wie dem von Heike Köhne, Reitlanderzoll 14, 26937 Stadland-Augustgroden.

85 Der Mühlen-Treffpunkt

Kultur und Kulinarisches in der alten Seefelder Mühle

Am Anfang stand ein Umzug. Denn der stattliche Galerieholländer mit seinen zwei Stockwerken wurde erst 1874 zur Seefelder Mühle, als er von Oldenburg in die Wesermarsch verkauft wurde. Fast 100 Jahre lang war sie an dieser Stelle in Betrieb, hatte viele wechselnde Besitzer, bis sie 1989 von der Gemeinde Stadland erworben wurde. Sie gehört zu den zehn Mühlen am Jadebusen, die Teil der Friesischen Mühlenstraße sind. Acht dieser sanierten und betreuten Denkmäler befinden sich im Landkreis Friesland. In der Wesermarsch sind es zwei, und die Seefelder Mühle ist definitiv ein Ziel, das sich zu besuchen lohnt.

Die Mühle ist voll funktionstüchtig, umfangreich saniert und jüngst mit neuen Flügeln ausgestattet worden. Man kann hier viele Einblicke in die reiche Mühlengeschichte der gesamten Region gewinnen und im Sommer donnerstags auch an technischen Mühlenführungen teilnehmen. Für zukünftige Helfer und Ehrenamtliche gibt es sogar eine Müllerausbildung, damit sich die Mühlen auch weiterhin bei Veranstaltungen drehen können. Beim »Mühlengeflüster« wird die Mühle in der Saison regelmäßig auf allen Ebenen zur Theaterbühne, die Besucher auf eine Reise in das letzte Jahrhundert entführt.

Was die Mühle und das zugehörige Anwesen so besonders macht, ist der Ansatz, Menschen zwischen Wilhelmshaven und Bremerhaven zusammenzubringen. Das gelingt dem »Kulturbüro Seefelder Mühle« ausgesprochen gut: Das Mühlengelände ist ein lebendiger Treffpunkt, zu dem auch das beliebte Mühlencafé beiträgt mit seinen regionalen Leckereien und köstlichem Kuchen. Hier werden im historischen Ambiente Brautpaare vermählt, hierhin wird aber auch zur Teetafel nach Beerdigungen eingeladen. Das gehört zum echten Leben eben auch dazu. Und genau darum geht es den Machern: die historische Mühle zu einem lebendigen Ort zu entwickeln, den uralten Backsteinmauern wieder frischen Wind einzuhauchen.

Adresse Hauptstraße 1, 26937 Stadland-Seefeld | Öffnungszeiten Mühlenführungen, Café, Mühlenlädchen und Kulturprogramm: www.seefelder-muehle.de | Tipp Zur Friesischen Mühlenstraße gehört auch die Moorseer Mühle in Nordenham, die man Richtung Weser und Bremerhaven besuchen kann.

86__Das Weinkontor

Seniorinnen-WG im restaurierten Bauernhaus

Dieser alte Bauernhof, idyllisch gelegen am Seefelder Außendeich, ist ein absolutes Vorzeigeprojekt: Die reetgedeckte Hofanlage aus dem 19. Jahrhundert, bestehend aus einem Wohnwirtschaftsgebäude, einer Scheune und einem kleinen Stallgebäude, erhielt nicht umsonst 1999 den Preis für Denkmalpflege der Niedersächsischen Sparkassenstiftung. Ganz behutsam wurde die historische Substanz instandgesetzt. Eine hohe Ständerkonstruktion im Inneren beindruckt jeden Besucher und gibt den Blick frei auf das Weinkontor sowie viele Fässer und Kartons mit köstlichem Wein aus dem Rheingau und Rheinhessen.

Denn das ist die alte Heimat von Johanna Kühn, die 1992 dieses Kleinod entdeckte, sich sofort darin verliebte und daraus ein großes Herzensprojekt machte. Seit mehr als 30 Jahren lebt sie nun ihren Traum – zusammen mit Sigrid Canz und Dagmar Barten, die beide Anfang der 2000er Jahre dazustießen. Mittlerweile sind die drei Damen fast alle 80 und mehr Jahre alt – haben aber alles andere im Sinn, als sich zur Ruhe zu setzen. Sigrid Canz engagiert sich im Verein »LiteraturPlus Wesermarsch«, unterstützt Lesereisen und Lesungen sowie den »Literarischen Landgang« im Oldenburger Land.

Viel Zeit und Liebe steckt auch im 8.000 Quadratmeter großen Außengelände des Hofs, das als bäuerlicher Nutz- und Hausgarten wiederhergestellt wurde. Das Damen-Trio hat sich spezialisiert auf Rosen – und auf Mohn in allen Sorten und Spielarten. Der Öffentlichkeit präsentiert wird die ganze Pracht immer im Juni zur Veranstaltungsreihe »Offene Gartenpforte Wesermarsch«, in der viele großartige Gärten der Region ihre Pforten für Besucher öffnen (www.offener-garten-wesermarsch.de).

»Schöner Wohnen und Leben im Alter«, so könnte man diesen Hof auch kurz beschreiben. Das ist alles sehr anregend und war auch der Zeitschrift »Schöner Wohnen« 2022 einen langen Artikel wert.

Adresse Reitlander Straße 6, 26937 Stadland-Seefeld, Tel. 04734/221, www.seefelder-weinkontor.de | Tipp Whisky-Liebhaber finden in der nahen Stadlander Straße 106 bei »Maltbarn« eine Auswahl hochprozentiger Tropfen aus Schottland und Irland, aus eigener oder fremder Abfüllung, www.maltbarn.com.

87 Der Baumkronenturm

Höhenluft: phantastische Aussicht über Moor und Eichen

Der Bollenhagener Moorwald ist das größte zusammenhängende Waldgebiet, das man im Umkreis finden kann, mit einer Größe von 140 Hektar. In dem Eichen- und Birkenwald findet sich zudem eine für Moore typische Sumpflandschaft mit tiefschwarzen Wasserflächen und feuchten Wiesen, über die ein 300 Meter langer Bohlenweg angelegt wurde. Er ist Teil eines mehreren Kilometer großen Wegenetzes, an dem auch die eine oder andere Moorgeister-Skulptur aus der Hand eines regionalen Künstlers grüßt. Doch die Attraktion ist fraglos der Baumkronenturm.

Er liegt im Osten des Geländes – am besten über den der beiden Parkplätze zu erreichen, der ebenfalls östlich am Middelreeg liegt. Von dort sind es nur wenige Meter und man steht mitten im Wald unter lauter Eichen vor einem 14 Meter hohen massiven Turm aus Holz. Der Baumkronenturm wurde 2014 nach einem Entwurf des Bremer Baumhaus-Architekten Andreas Wenning errichtet.

Auf vier Ebenen erhebt er sich insgesamt und streckt auf zwei Etagen jeweils einen Seitenarm bis zu den Baumkronen der riesigen Eichen um ihn herum aus. Wer ganz oben steht, fühlt sich einen Moment lang wie »Der Baron auf den Bäumen«, um das berühmte Werk des italienischen Schriftstellers Italo Calvino zu zitieren. Schwindelfrei muss man in dieser Höhe sein, die dafür aber mit einem einmaligen Panoramablick über den Bollenhagener Moorwald entschädigt, mit seinen alten Eichen und Birken sowie vielen Aufforstungsflächen, die mittlerweile aber auch schon stattliche Höhen erreicht haben.

Auf dem Weg nach oben kann man viel über die Eiche erfahren: etwa über die Form ihrer Blätter oder woher die Stieleiche ihren Namen hat (von den Stielen, an denen die Eicheln hängen, während die Blätter eng an den Ästen sitzen). Man erfährt viel über den Aufbau eines Stamms, über die Bedeutung der Jahresringe und den Verlauf eines Eichen-Lebens im Bollenhagener Moorwald.

Adresse Bollenhagener Moorwald, östlicher Parkplatz, Middelreeg, 26349 Jade | Tipp Für den Weg vom Ort Jade zum Bollenhagener Moorwald sollte man die Bollenhagener oder Braker Straße nehmen, beides wunderbare Alleen (siehe Ort 93).

88 Der Grenzfluss

Durch Moor und Marsch ans Meer: die Jade

Die Jade ist ein relativ kurzer Fluss von nur 22 Kilometern Länge, der an seinem nördlichen Ende, beim Wapelersiel, in den Jadebusen mündet. Beide tragen das Wort Jade im Namen, doch darf man nicht daraus schließen, dass der Jadebusen eine Fortsetzung des Flusses Jade wäre. Nein, die Jade, die endet genau am Jadebusen.

Das wird am Salzgehalt festgemacht. Der Jadebusen hat in der Nähe der Mündung des Flusses Jade mit drei Prozent Salinität fast einen genauso hohen Wert wie die offene Nordsee mit 3,5. Das heißt, ihr Süßwasser-Eintrag in den Jadebusen ist gering. Es fehlt im Mündungsbereich auch eine Brackwasserzone, wie etwa bei der nahen Weser in Bremerhaven, wo sich Salz- und Süßwasser vermischen.

Die Jade entspringt nicht in der Wesermarsch, sondern bildet sich weiter südlich im Landkreis Ammerland im Hankhauser Moor bei Rastede. Dort fließen die Rasteder Bäke und die Schanze zusammen. Deren Quellbäche wiederum entstammen der Geest bei Oldenburg. Eine andere Quelle ist im Schlosspark von Rastede zu finden. Die Jade hat also ein viel größeres Einzugsgebiet im Binnenland, als man gemeinhin denkt. Im weiteren Verlauf bildet sie die Grenze zwischen Ammerland und der Wesermarsch und später, auf dem letzten Teil der Strecke, die Grenze zwischen Friesland und der Wesermarsch.

Dazwischen durchquert sie das nach ihr benannte Gemeindegebiet und schlängelt sich idyllisch durch den ebenfalls nach ihr benannten kleinen Ort Jade. Auf den letzten Kilometern vor der Mündung gehört das westliche Flussufer der Jade zur Stadt Varel, bevor sie sich hinter dem großen Mündungsschöpfwerk Wapelersiel in den Jadebusen ergießt, dessen Wasser über die Innen- und die Außenjade (siehe Ort 100) in die Nordsee strömen. So kurz wie sie ist, so viele unterschiedliche Landschaften passiert sie auf ihrem Weg: Die Jade ist ein Fluss zwischen Moor, Marsch und Meer.

Adresse 26349 Jade (Gemeinde und Hauptort) | Tipp Das sehr langsam fließende Gewässer eignet sich sowohl flussabwärts bis Wapelersiel als auch flussaufwärts bis Lehmdermoor für eine Kanutour. Verleih bei der Flussquerung an der Bundesstraße 145, www.kanu-jade.de, Tel. 04451/9611237.

89 Die Hundepension de luxe

Im Pfötchenhotel: Wellness und Agility für vier Beine

Ach, Hund müsste man sein! Wenn einen dann noch das liebe Herrchen oder Frauchen im »Pfötchenhotel« in Jade logieren lässt, dann ist man dem Paradies nicht mehr fern. Denn die Pension für Vierbeiner ist die Hundevariante eines Hiltons. Ein richtiges Luxushotel, das keine Wünsche von Hund und Halter unbefriedigt lässt. Je nach Charakter, Größe und Vorlieben werden die Hotelgäste in kleinen Gruppen in hellen und geräumigen Zimmern untergebracht. Die Ausstattung ist recht komfortabel: Körbchen und viele Decken laden zum gemütlichen Liegen ein. Jede Menge tierisches Spielzeug von Bällen bis zum Beißknochen sorgt für Ablenkung.

Das Pfötchenhotel wurde 2002 auf einem 22.000 Quadratmeter großen Grundstück am Jaderaltendeich errichtet. Wer als Hund in dem denkmalgeschützten Gebäude sein Domizil auf Zeit bezieht, bekommt zur Begrüßung einen kostenlosen Gesundheits-Check. Zu den Serviceleistungen für die zahlenden Gäste gehören Schmuseeinheiten, aber auch eine gründliche Fell-, Krallen- und Ohrpflege. Neben der Kosmetik steht für Hundeherr wie -dame auch ein hauseigener Hundefriseur für den richtigen Haarschnitt zur Verfügung.

Gern springt man fröhlich bellend in ein buntes Bällebad oder in den beheizten Pool, der für Wellness und für Physiotherapie bereitsteht, um bei Rehamaßnahmen nach Operationen Übungen zum Muskelaufbau zu machen. Draußen können sich die Hunde richtig austoben: Es stehen zehn Auslaufflächen zur Verfügung, darunter ein Agility-Platz für Spielstunden mit den Betreuern. Da wird wild gebuddelt und gerannt, ob mit anderen Hunden oder allein.

Das »große Hotel für kleine Gäste«, so nennt sich das Pfötchenhotel selbst. Zu Recht, denn diese Hundepension ist ein »Hotel de luxe«, eine regelrechte Wohlfühloase für Vierbeiner. Nicht nur für Hunde. Denn daneben nimmt das Haus auch andere Kleintiere wie Katzen, Meerschweinchen und Vögel auf.

Adresse Jader Straße 27, 26349 Jade, Tel. 04454/9797833, www.pfoetchenhotel.de | Öffnungszeiten Mo–Fr 7–19 Uhr, Sa/So 9–19 Uhr | Tipp Die Wesermarsch ist optimal für einen Urlaub mit Hund: www.nordseejadeweser.de/service-kontakt/urlaub-mit-tieren.

90__Der Park der wilden Tiere

Disneyland und Tiergarten in einem: der Jaderpark

Jetzt wird es nochmals tierisch! Aber es geben keine Hunde Pfötchen, sondern Löwen zeigen ihre Krallen. Einen ganzen Park mit exotischen Tieren kann man dort besuchen, wo man ihn wohl nicht so ohne Weiteres vermutet hätte. In der Wesermarsch, im Süden der Gemeinde Jade, befindet sich der »Jaderpark«. In dem großen Freigelände sind über 600 Tiere aus aller Welt zu bestaunen. Afrika und Amerika am Jadebusen. Wer hätte das gedacht?

Tapire, Wasserschweine und große Ameisenbären streifen gemeinschaftlich in einem Gehege herum, das für die Tiere Südamerikas reserviert ist. Ein Highlight des Tierparks ist eine vier Hektar große »Afrikasteppe«, in der Giraffen, Zebras, Antilopen und Strauße in freier Wildbahn zu erleben sind. Es gibt Flamingos zu sehen – und selbstverständlich dürfen auch unsere Artverwandten, die Affen, nicht fehlen, die sich kreischend an Ästen hangeln.

Der Tierpark ist eingebettet in einen riesigen Freizeitpark, der ebenfalls sehr exotisch angehaucht ist. Eine steil herabstürzende Wildwasserbahn, auf der man garantiert nass wird, ist die Attraktion im »Okavango River«. Von einem 16 Meter hohen Giraffenturm lässt es sich auf das Okavango-Delta mit seinen wilden Tieren blicken, und ein Spielplatz mit »morgenländischer Atmosphäre« nennt sich »Löwenpalast«: Disneyland im Tarzan-Stil!

In die Welt der Goldgräber am Klondike in Alaska soll hingegen das »Grizzly Adventure« hineinversetzen. Dabei handelt es sich um einen von einer Minenanlage inspirierten Abenteuerspielplatz mit einem als Förderturm gestalteten Klettergerüst und einem großen Wasserbecken mit Flößen und wackeligen Brücken, die »Grizzly Mountain« und »Grizzly Bay« heißen.

Kinder haben jedenfalls großen Spaß. Es gibt für die Kleinen eine große Spielscheune, Pinguine zu füttern und Alpakas zu streicheln – und für alle einen Abenteuerausflug mit der ganzen Familie.

Adresse Tiergartenstraße 69, 26349 Jade-Jaderberg, Tel. 04454/9113, www.jaderpark.de | Öffnungszeiten 9–18 Uhr (Saison bis Oktober) | Tipp Für Ausflüge mit Kindern empfiehlt sich besonders eine Wattwanderung, die von der Nationalpark-Erlebnisstation in Sehestedt angeboten wird, Tel. 04455/458.

91 Das Schwimmende Moor

Das Moor nicht hinter, sondern vor dem Deich

An der östlichen Seite des Jadebusens, in der Wesermarsch, lässt sich ein ganz besonderes Naturdenkmal bestaunen: das »Schwimmende Moor«. Es liegt im Ortsteil Sehestedt in der Gemeinde Jade und ist das einzige Moor der Welt, das vor einem Deich liegt. Bei Sturmfluten aus Nordwest mit Höhen von 3,50 Metern über Normalnull geschieht das seltene Wunder der Natur: Dann hebt die Nordsee den Torf, der leichter als Wasser ist, an: Das Moor schwimmt!

Ursprünglich lag das Moor im Binnenland, hinter den Marschen. Es war ein typisches Hochmoor, wurde ausschließlich von oben durch Niederschläge gespeist. Bis der Jadebusen immer weiter vordrang und schließlich das Moorufer vor Sehestedt erreichte. Kamen jetzt Sturmfluten, wurde das gesamte Moor vom Wasser förmlich aufgeklappt, hochgehoben und mit ihm alles, was sich obenauf befand: Menschen, Tiere, Bäume, sogar Häuser.

Die Menschen und ihr Besitz waren durch das Aufschwimmen des Untergrunds bei Sturmfluten sogar relativ sicher. Mehr Sorgen machte man sich aber um das fruchtbare Marschland, die Existenzgrundlage der Bauern. Bei Hochwasser drohte es immer wieder zu versalzen. 1725 baute man daher einen Deich mitten durch das Moor. Danach änderte sich die Situation grundlegend: Es entstand das Sehestedter Außendeichsmoor, ein Reststück der ehemals 135 Hektar großen Moorfläche.

An dem Rest außen frisst die Nordsee mit ihren Sturmfluten bis heute unablässig – nur noch zehn Hektar sind übrig geblieben –, und es ist nur noch eine Frage der Zeit, bis auch sie verschwunden sein werden. Viel Zeit bleibt also nicht mehr, um diese absolut einmalige Naturlandschaft zu sehen. Denn zwei völlig unterschiedliche Ökosysteme grenzen im Nationalpark Niedersächsisches Wattenmeer direkt aneinander: das süßwasserabhängige, drei Meter dicke Moor und die Salzwiesen, die heute den weitaus größeren Teil des Deichvorlands bilden.

Adresse Bäderstraße, 26349 Jade-Sehestedt, Bohlenweg zur Beobachtungstation | **Tipp** Direkt neben dem Außenmoor lohnt von Mai–Sept. die Erlebnisstation des Nationalparks. Es gibt Informationen und Führungen zu Wattenmeer, Salzwiesen und Moor: www.nationalparkhaus-wattenmeer.de/sehestedt, Tel. 04454/1275.

92 Das Siel mit Insellage

Ganz im Süden pumpt und entwässert das Wapelersiel

Der Jadebusen ist aufgrund seines hohen Salzwassergehalts ein Teil der Deutschen Bucht und damit der Nordsee. Er beschreibt kein typisches Flussmündungsgebiet, wie etwa das von Elbe und Weser. Man kann ihn sich eher wie eine Einstülpung der Nordsee nach innen vorstellen. Wie die Deichlinien entlang der Nordseeküste werden auch jene des Jadebusens regelmäßig durch Siele unterbrochen. Sie dienen der Entwässerung des tief liegenden Binnenlands, manchmal auch der Durchfahrt von Schiffen zur oder von der Nordsee, dann handelt es sich um Sielschleusen. Sind die Wassermengen, die entwässert werden müssen, besonders groß, wird ein Schöpfwerk mit Pumpen zur Unterstützung eingesetzt.

Um ein solches Siel handelt es sich bei dem südlichsten am Jadebusen, dem Wapelersiel, das seinen Namen von einem Nebenfluss der Jade hat, der Wapel. Denn das Marschgebiet zwischen Jade und Weser liegt großenteils unter dem Meeresspiegel, sodass es von Pumpwerken vor Überschwemmungen geschützt werden muss. Das »Mündungsschöpfwerk Jade« ist Teil des Deichs und liegt daher auch mitten in der Deichlinie des Jadebusens. Es besitzt vier Pumpen, die das Wasser von insgesamt 195 Quadratkilometern Binnenland entwässern und regulieren. Vor seinem Bau 1965 kam es im Hinterland an Jade und Wapel regelmäßig in Frühjahr und Herbst zu Überschwemmungen. Nun konnte man rund 19 Millionen Kubikmeter Wasser im Jahr aus dem Land in die Nordsee spülen.

Neben den beiden Bauwerken der Anlage, dem Schöpfwerk links und dem Siel rechts, fällt an dieser Stelle vor allem die Insel mitten in der Jade auf. Sie wird durch die beiden Sielgebäude mit den Uferseiten verbunden und damit zur Halbinsel. In dieser exponierten Brückenlage auf der Jadeinsel wohnte früher der Sielwärter. Heute hat die DLRG hier ihren Sitz. Vor dem Siel liegt im Watt ein kleiner Sportboothafen am sieben Kilometer langen Jade-Außentief.

Adresse Sielstraße, 26349 Jade-Wapelersiel, erreichbar von der B437 zwischen Varel und Jade | Tipp Beim Schöpfwerk beeindruckt eine Plastik von Norbert Pierdzig, die neunte des Skulpturenpfads, der sich einmal rund um den Jadebusen zieht. Im östlichen Teil ist »Die Sintflut – Bewahrung der Schöpfung« das Thema.

93 Der Tunnel aus Bäumen

Sie hört einfach nicht auf, diese kilometerlange Allee

Eigentlich hätte hier ein Bild aus Varel zu sehen sein müssen. Denn die Stadt im Süden des Jadebusens ist der Ort mit den meisten Alleen in der Region. Mehr als fünfzig Alleen, mit Bäumen gesäumte Wege, Straßen und Hofzufahrten, sollen es sein. Der Allgemeine Deutsche Fahrrad-Club (ADFC) aus Oldenburg organisiert Tagesausflüge dorthin, um durch die wunderbaren Blätterdächer von Eichen, Pappeln, Erlen, Eschen, Birken, Linden, Rotbuchen, Kastanien und Platanen zu radeln.

Eine besonders schöne Allee ist in Jade zu finden. Sie führt in schnurgerader Linie vom Jader Außendeich an den Rand der Gemeinde Ovelgönne. Sie ist außergewöhnlich lang. Über drei Kilometer erstreckt sich im Sommer ihr dichtes Blätterdach: ein einziger, riesiger Tunnel aus Bäumen. Darunter sind die unterschiedlichsten Baumarten zu finden, wie Hänge-Birken, Stiel-Eichen, Ebereschen sowie Spitz- und Bergahorn. Sie stehen links und rechts der Landesstraße L863 jeweils in einer lockeren Reihe, die nur hier und da etwas lückenhaft ist. Ihr Alter wird auf 60 bis 90 Jahre geschätzt.

Diese nicht enden wollende Allee ist aufgeführt in einer öffentlichen Datenbank, in der seit 2018 rund 2.000 Alleen in Niedersachsen erfasst sind, darunter 1.000, die als wertvoll für die Kulturlandschaft und den Naturhaushalt erachtet werden. Die bemerkenswerte Sammlung wurde vom Niedersächsischen Heimatbund und unzähligen Helfern vor Ort für die Dateneingabe erstellt.

Seht mehr als 30 Jahren gibt es die »Deutsche Alleenstraße«, die nach der Wiedervereinigung – ausgehend von den neuen Bundesländern, heute deutschlandweit – auf die Gefährdung von Alleebäumen aufmerksam macht. Auf der anderen Seite hat sie viele Routen ausgearbeitet. Seit 2008 wird zudem am 20. Oktober vom BUND, Bund für Umwelt und Naturschutz Deutschland, der »Tag der Allee« gefeiert und in einem Fotowettbewerb die »Allee des Jahres« gekürt.

Adresse Braker Straße, 26349 Jade, Infos: www.niedersaechsischer-heimatbund.de | Tipp 2017 stand eine Allee aus Varel beim bundesweiten Wettbewerb »Allee des Jahres« als Zweite auf dem Siegertreppchen. Die mehr als 100 Jahre alten und sehr mystischen Eichen stehen an der Meedenstraße im Stadtteil Moorhausen.

94 Das Wassermuseum

Die Kaskade überzeugt mit Retro-Architektur

Wer hier schon einmal abgebogen ist, von Butjadingen kommend oder hinauffahrend, dem ist dieses Gebäude im Jader Stadtteil Diekmannshausen bestimmt schon aufgefallen. Direkt an der Ecke der Bundesstraße 437 mit der Bäderstraße, der zentralen Nord-Süd-Verbindung zwischen Jade, Stadland und Butjadingen, liegt das auffällige Backsteinhaus: Es ist im Vergleich mit der Umgebung ein recht hohes Gebäude, dazu noch mit einem Betonfachwerk, das neben Backstein mit hohen und vielen Fensterfronten ausgefacht ist. Vor dem Eingang lenkt ein Brunnen mit einer archimedischen Schraube die Blicke auf sich.

Es handelt sich um das originale und sanierte Jader Speicherpumpwerk aus dem Jahr 1956. Heute befindet sich in ihm das Museum Kaskade, das anregend über die Wasserversorgung im Laufe der Jahrhunderte bis heute informiert. Die Zeitreise durch die letzten zwei Jahrhunderte hat die »Wasserversorgung gestern – heute – morgen« zum Thema und eine große Ausstellungsfläche dafür zur Verfügung. Auf über 1.000 Quadratmetern und über sechs Ebenen haben im Mitmach-Museum Jung und Alt ihren Spaß, dazu kommen multimediale Infostationen und eine Vielzahl von Exponaten.

Betrieben wird das Museum von der OOWV, dem Oldenburgisch-Ostfriesischen Wasserverband. So wird über Wasser im Haushalt informiert, die Technik der Wasserversorgung erläutert, aber ebenso Wasserschutz und Ökologie thematisiert. Das Haus versteht sich als außerschulischer Lernort, den Schulgruppen werktags und vormittags besuchen. Für einen Besuch von Urlaubern auf An- oder Abreise an die Badeorte von Butjadingen dürfte sich der Sonntag anbieten.

Auch innen ist die Kaskade ein echter Hingucker. Solch perfekten Retro-Style der 1950er Jahre wie im Foyer sieht man selten. Dazu bietet sie eine wunderbare Aussicht vom Dach: über den Jadebusen und bei klarem Himmel sogar bis zur Weser.

Adresse Bäderstraße 2, 26349 Jade-Diekmannshausen, Tel. 04455/911912, www.oowv.de | Öffnungszeiten Mo, Di, Do, Fr 10–12 Uhr, Mi 14–17 Uhr, So 13–18 Uhr | Tipp Im Haus hat die Jade-Touristik ihren Sitz und bietet alle wichtigen Informationen über aktuelle Freizeit- und Kulturangebote.

95 Das Besucherzentrum

UNESCO-Erlebniswelt zum Weltnaturerbe Wattenmeer

Einen besonderen Stellenwert im Informationsnetzwerk des niederländisch-deutsch-dänischen UNESCO-Weltnaturerbes Wattenmeer haben die Besucherzentren. Sie warten mit speziellen Highlights auf, wie große Aquarien, Bibliotheken, Labore und Vortragsräume. Sie sind auch auf ausländische Gäste eingestellt, bieten Informationen, Führungen und Exkursionen ebenfalls in englischer Sprache an. Die Wattenmeer-Besucherzentren finden sich allesamt an Orten mit großem Publikumsverkehr und vielen Urlaubern. Niedersachsen hat gleich drei davon: eins auf der Insel Norderney, eins in Cuxhaven und das größte in Wilhelmshaven.

Das UNESCO-Besucherzentrum der Hafenstadt liegt am Südstrand mit direktem Blick auf den Jadebusen. Über drei Etagen erstreckt sich seit 2021 eine Dauerausstellung. Das Haus verfügt seit dem Umbau zudem über einen der schönsten Veranstaltungsräume der Stadt sowie über eine Dachterrasse mit einem herrlichen Panoramablick auf die große Bucht.

Im Programm spielen Meeressäuger eine Hauptrolle, insbesondere Wale. Von den kleinsten, den Schweinswalen direkt vor der eigenen Haustür (siehe Ort 98), bis zu den größten: Eine der Attraktionen des Besucherzentrums ist das 14 Meter lange Skelett eines Pottwals, das einen mit seinem gewaltigen Unterkiefer begrüßt, wenn man nicht den Haupteingang nimmt, sondern den hier abgebildeten Südeingang von der Strandpromenade.

Die Museumspädagogik setzt auf einer Fläche von 2.000 Quadratmetern auf das Entdecken mit allen Sinnen. Dazu gehört die Präsentation des Stoffs mit interaktiven Medien, großformatigen Filmen, Spielen und Hörstationen. Die Ausstellung überzeugt zudem mit komplett gestalteten Erlebniswelten, wie etwa einem speziellen Salzwiesenraum. Blickfang ist ebenfalls ein originaler Krabbenkutter, und auch die Zugvögel kommen nicht zu kurz. Hier gibt's die volle Packung niedersächsisches Wattenmeer!

Adresse Südstrand 110b, 26382 Wilhelmshaven, www.wattenmeer-besucherzentrum.de, Tel. 04421/910733 | Öffnungszeiten April–Okt. täglich 10 – 17 Uhr, Nov.–März Di–So 10 – 17 Uhr | Tipp Wer sich für die Nordseeküste interessiert, ist auch im Küstenmuseum Wilhelmshaven gut aufgehoben: www.kuestenmuseum.de.

96__Die drehbare Stahlbrücke

Kaiser-Wilhelm-Brücke, Wahrzeichen Wilhelmshavens

Am 20. Juli 1853 kaufte Preußen vom Großherzogtum Oldenburg ein 313 Hektar großes Gebiet am Jadebusen, besiegelt mit dem »Jade-Vertrag«, und errichtete dort einen militärischen Stützpunkt, der ihm erstmals Zugang zur Nordsee erlaubte. Seinen Namen bekam Wilhelmshaven 1869 vom ersten deutschen Kaiser, Wilhelm I. Die imposante Kaiser-Wilhelm-Brücke, die über den Großen Hafen führt und die Südstadt Wilhelmshavens mit dem Südstrand verbindet, wurde zur Regierungszeit des letzten, Wilhelm II., errichtet.

Zwei Jahre, von 1905 bis 1907, arbeitete man an dieser genieteten Stahlkonstruktion. Genau genommen wurde sie eigentlich in Mainz gebaut, beim MAN-Werk in Gustavsburg, ihr Konstrukteur war Anton von Rieppel. Von dort wurden die vorgefertigten Bauteile auf dem Wasserweg nach Wilhelmshaven zur Endmontage transportiert. Die Bauleitung vor Ort hatte der Marine-Oberbaurat Ernst Troschel.

Mit einer Spannweite von 159 Metern war sie damals die größte Drehbrücke Europas. Sie ist es auch heute noch, allerdings verspricht die neue Friesenbrücke im ostfriesischen Weener ihr diesen Titel bald streitig zu machen. Mit ihrer Konstruktion gehört die Kaiser-Wilhelm-Brücke statisch zur Familie der Hängebrücken. Was sie aber so einzigartig macht, sind ihre zwei selbstständig drehbaren gleicharmigen Brückenteile.

Dabei tragen die zwei Fachwerkpylonen über vertikale Aufhängungen die beidseitig auskragenden Fahrbahnen. Es ist immer wieder ein großartiger Anblick, wenn die zwei Brückenarme zur Seite schwenken und die Durchfahrt frei machen für große Schiffe, die durch die Schleuse in den zivilen Binnenhafen von Wilhelmshaven einfahren, um am Bontekai ihre Anker zu werfen und anzulegen. Besonders spektakulär ist der Anblick bei historischen Traditionsseglern, wenn sie mit ihren hohen Masten die Passage machen, wie etwa bei der Einlaufparade zum »Wilhelmshaven Sailing-CUP«.

Adresse Zur Kaiser-Wilhelm-Brücke, 26382 Wilhelmshaven | Öffnungszeiten bei geschlossenem Zustand jederzeit begehbar, nachts besonders schön | Tipp Östlich liegt das Deutsche Marinemuseum, was mit vielen Schiffen einen hautnahen Einblick in die Geschichte der Marine bis heute gibt: www.marinemuseum.de.

97 Das Flüssiggas-Terminal

Zukunftspläne: der Green Energy Hub

Dieses Schiff im Meereswasser vor dem Voslapper Groden in Wilhelmshaven hat nationale Geschichte geschrieben. Es handelt sich um die »Höegh Esperanza«, Deutschlands erstem LNG-Terminal. Am 17. Dezember 2022 wurde es von Bundeskanzler Olaf Scholz eröffnet und nahm kurz danach seinen Betrieb auf. Es ist ein schwimmendes Terminal, über das Deutschland zum Jahreswechsel 2022/23 erstmals in der Lage war, selbst Flüssigerdgas zu importieren und sich damit unabhängig von befürchteten Gasembargos seitens Russlands zu machen.

Die Bundesregierung plant zunächst mit sechs schwimmenden LNG-Terminals (FSRU) in Brunsbüttel, Lubmin, Stade, Mukran und einem weiteren bei Wilhelmshaven, der »Excelsior«. Insgesamt liefern sie eine Kapazität von 30 Milliarden Kubikmetern Erdgas. Beide Wilhelmshavener LNG-Terminals werden von der Firma Tree Energy Solutions (TES) betrieben, die noch Gewaltiges vorhat, in und mit Wilhelmshaven. Am Jadebusen soll einmal Deutschlands größte Drehscheibe für die Erzeugung, den Import, die Speicherung und die Verteilung von grüner Energie in Deutschland und Europa entstehen: der »TES Green Energy Hub«.

Für 2026 plant TES mit dem Baubeginn eines festen Terminals zur Anlandung von grünem Wasserstoff. Dann wird das ohne feste Brücke installierte LNG-Terminal Excelsior bereits wieder ersetzt. So zukunftsversprechend und von nationaler Bedeutung diese Entwicklungen sein mögen, für die Touristiker der Badeküste nördlich von Wilhelmshaven sind sie besorgniserregend. Besonders im nahen Hooksiel waren die Proteste groß. Auch die Naturschützer des Wattenmeers waren *not amused*. Ist doch ausgerechnet die »Esperanza« das einzige deutsche LNG-Schiff, das mit tierschädlichem Chlor reinigt. Die Touristen finden es im Moment noch hochinteressant, Zeuge der Energiezukunft Deutschlands zu sein. Es gibt sogar schon buchbare Schiffstouren dorthin.

Adresse Voslapper Groden, 26388 Wilhelmshaven | Tipp Wer in die Zukunft der Energieindustrie von Wilhelmshaven schauen möchte, für den ist der TES-Showroom zum Green Energy Hub sicher von Interesse: Markstraße 54, Wilhelmshaven, Mi 9–12, 15–18 Uhr, Do–Fr 9–12, 14–17 Uhr.

98 Der Hotspot der Jadewale

Einmaliges Naturschauspiel am Jadebusen

Der Schweinswal ist mit einer Länge von 1,50 Metern einer der kleinsten Wale der Welt. Für 2016 wird ein Bestand von 345.000 Schweinswalen für die gesamte Nordsee und die angrenzenden Gewässer genannt. Einige tausend Exemplare leben vor deutschen Küsten. Sie ist die einzige Walart, die im Wattenmeer heimisch ist. Im Winter fühlen sich Schweinswale vor Borkum wohl, in Sommer eher vor Sylt. Zwischen März und Mai sind besonders viele im Jadebusen vor Wilhelmshaven unterwegs.

Das ist die Zeit für »Whale watching« am Wattenmeer: Seit 2017 gibt es im Frühjahr die »Wilhelmshavener Schweinswaltage«, veranstaltet vom UNESCO-Wattenmeer-Besucherzentrum (siehe Ort 95). Mit dabei sind auch immer die ehrenamtlichen Naturbeobachter der »JadeWale«, einem Verein, der sich generell um Naturschutz und Naturbeobachtung im Nationalpark Niedersächsisches Wattenmeer kümmert, die kleinen Wale aber besonders ins Herz geschlossen hat.

Die Beobachtungstour führt mit dem Wilhelmshavener Ausflugschiff »MS Harle Kurier« ins Fahrwasser der Jade hinaus, manchmal wird sogar ein Segeltörn angeboten, in jedem Fall mit sachkundigen Experten an Bord. Aber ein wenig Glück braucht es auch auf dem Wasser, um ihre Finne, wie die Rückenflosse genannt wird, auftauchen zu sehen. Auf dem Land kann man von der Südstrandpromenade aus Zeuge des Naturschauspiels werden. Schweinswale schwimmen meist allein oder zu zweit, selten in größeren Gruppen. Sie können 80 Meter und tiefer tauchen. Aber alle sechs bis sieben Minuten müssen die kleinen Meeressäuger nach Luft schnappen. Das ist die beste Gelegenheit, sie zu sichten.

Äußerlich ähneln Schweinswale den mit ihnen verwandten Delphinen. Sie haben aber nicht das für Delphine so typische schnabelförmige Maul. Auch ihre Finne ist am Ansatz eher breit und läuft abgerundet nach oben aus, nicht so spitz und sichelförmig – und Luftsprünge machen sie auch nicht.

Adresse im Jadefahrwasser vor Wilhelmshaven, www.schweinswaltage.de | **Tipp** Es lohnt, das Begleitprogramm der Schweinswaltage zu besuchen, wie Fotoausstellungen und Vorträge – oder beim Info-Talk mit dem Verein »JadeWale« den Südstrand entlang zu spazieren, die Wale fest im Blick.

99 Die Idylle am Banter See

Maritimes Naturparadies am südlichen Stadtrand

Auch hier war einmal Hafen: Wo heute am Banter See romantische Buchten und Stege für stadtnahe Entspannung am Wasser sorgen, war noch bis 1945 der West- und Zwischenhafen – ganz am Ende der langen Kette von Binnenhäfen, die der eigentlichen Stadt Wilhelmshaven vorgelagert sind. Durch Aufschüttung von Trümmerschutt entstand hier nach dem Zweiten Weltkrieg der hohe Grodendamm, der das Areal nach dem Großen Hafen westlich schloss und für die Schifffahrt unbrauchbar machte. Hinter dem Damm bildete sich ein leicht salzhaltiger See, der Banter See.

Dieses Gebiet ist heute ein beliebtes Ausflugsziel bei Jung wie Alt. Seit 2012 lädt der 7,5 Kilometer lange Rundweg Banter See zu Spaziergängen und Fahrradfahrten ein: südlich vorbei am Freibad Klein Wangerooge, nördlich zum Strandcafé Fährhaus mit ausgesprochenem Beach-Feeling unter karibischen Sonnenschirmen.

Dabei bildet der Banter See im Stadtbild selbst eine vorgelagerte, südliche Halbinsel, die der Ems-Jade-Kanal vom Festland trennt. Zu erreichen ist der westliche Teil über die Rüstringer Brücke, der östliche über die Deichbrücke (wenn die gerade nicht gesperrt ist). Sie führt über den Grodendamm zur Seeseite. Hier geht es immer den Deich entlang, mit phantastischen Ausblicken auf den Jadebusen.

Die Strecke markiert auch den Anfang der Radroute um den Jadebusen, die der Nationalpark Wattenmeer entwickelt hat. Auf 55 Kilometern radelt man einmal rund um den Jadebusen, wo an ausgewählten Punkten, etwa am Cäciliengroden (siehe Ort 41), Umweltperiskope bereitstehen, mit denen der Blick auf die Landschaft und die Geschichte der gegenüberliegen Seite gerichtet wird.

Auf Höhe des Banter Sees passiert man das Banter Fischerdorf mit seinen mobilen Fischerhütten aus Holz, die nur noch im Sommer vor dem Deich stehen. Hier wird bereits seit 1908 mit kleinen Ruderbooten im Jadebusen gefischt.

Adresse Aussichtspunkt Rundweg Banter See, Ende Henschelstraße oder Seeseite Anton-Dohrn-Weg, Banter Fischerdorf, 26382 Wilhelmshaven | Tipp Informationen und ein Faltblatt zum Fahrradrundkurs um den Jadebusen gibt es auf www.jadebusenroute.de.

100 Die Innen- und Außenjade

Der Jadebusen und seine Nordsee-Fahrwasser

Dieses Buch schaut weit über den Tellerrand des eigentlichen Jadebusens hinaus. Mit diesem geografischen Begriff wird streng genommen nur die 190 Quadratkilometer große, herzförmige Bucht mit ihrem auffallend schmalen Zugang zur Nordsee beschrieben. Doch der Jadestrom fließt weiter zwischen Friesland und Butjadingen aufs Meer hinaus, und es dauert noch einige Seemeilen, bis er sich endgültig mit der offenen Nordsee vereint. Da sind wir schon auf Höhe der Ostfriesischen Inseln, weswegen auch die Insel Wangerooge und die Vogelschutzinsel Minsener Oog noch am Rand des großen Jadegebiets liegen und dieses Buch bereichern.

Ganz genau genommen endet das Reich der Außenjade bei Kilometer 54 der Bundeswasserstraße Jade. Seeschiffe, die aus umgekehrter Richtung vom Meer kommen und Kurs auf den Jadebusen nehmen, werden ab diesem Punkt lotsenpflichtig. Bei Kilometer 25 der Bundeswasserstraße, von Wilhelmshaven aus gerechnet, beginnt die Innenjade, die auf Höhe von Schillig die Küste entlang nach Süden führt. Über sie erreicht man Wilhelmshaven, zunächst die großen Energie- und Industrieterminals nördlich der Stadt, dann die Molenfeuer der citynahen Yacht- und Freizeithäfen.

Das Jadegebiet ist eine ganz außergewöhnliche Mündungsregion, da sie sich mitten im Wattenmeer befindet, wo nur wenige Meter von tonnenschweren Containerschiffen entfernt bei Ebbe Wattwanderer ihres Weges gehen. Doch Wilhelmshaven hat mit 18 Metern das tiefste Fahrwasser der deutschen Seehäfen, kann mit dem einzigen Tiefwasser-Containerterminal Deutschlands trumpfen. Denn die unglaublichen Mengen Wasser, die ständig in den Jadebusen hinein- und wieder aus ihm hinausgepresst werden, haben nördlich des Jadebusens eine sehr tiefe natürliche Fahrrinne entstehen lassen. Hier kreuzen sich Handelsschiffe, die Bundesmarine, Fischkutter und Ausflugsschiffe mit privaten Yachten und Booten.

Adresse zwischen Friesland und Butjadingen (Innenjade) bis nördlich von Wangerooge (Außenjade) | Tipp Östlich wird die Innenjade durch die Höhenscheide des Hohe-Weg-Watts begrenzt. Dazu gehören geologisch die Vogelinsel Mellum und der Leuchtturm Hohe Weg, die man mit Ausflugsschiffen erreichen kann.

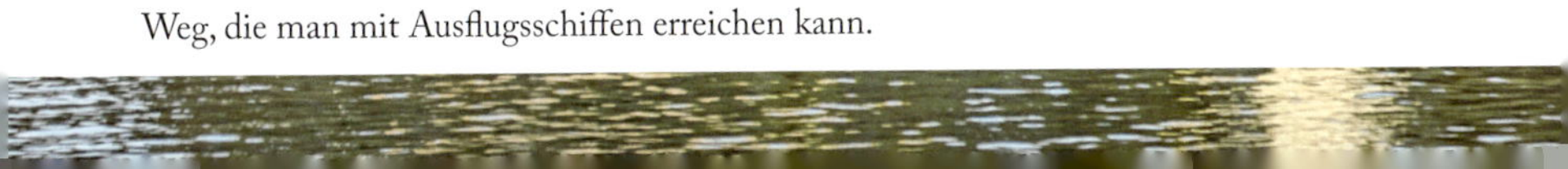

101 Der Jade-Meerbusen

Vom Hochmoor zur größten Bucht am Wattenmeer

Der Jadebusen ist mit 190 Quadratkilometern die größte Bucht des Wattenmeers. Weit reicht sie ins Landesinnere. Sie gehört zu den letzten offenen Meeresbuchten an der Nordsee, die vom Wechsel zwischen Ebbe und Flut geprägt wird: eine ausgesprochen dynamische Naturlandschaft, die sich stetig wandelt.

Noch in der Zeit von Christi Geburt waren große Teile der heutigen Bucht von einem Hochmoor bedeckt. Das änderte sich mit den großen Sturmfluten des Mittelalters. Besonders 1334 und 1362 entriss das Meer dem Festland massiv Boden: Ganze Siedlungen versanken im Meer, darunter das Kirchspiel Arngast. Das Hochmoor verschwand bis auf eine östliche Flanke nahezu komplett. Die größte Ausdehnung hatte der Jadebusen 1511, als im Westen das Wattengebiet Schwarze Brack weit ins Landesinnere ragte.

Ab dem 16. Jahrhundert erfolgten umfangreiche Rückdeichungen, die dem Jadegebiet das uns heute bekannte Aussehen gaben. Als die Deichlinie zur Nordsee im 18. Jahrhundert komplett geschlossen war, begann man damit, Land zu gewinnen und die Deichlinie weiter vorzuschieben. Damit war Schluss, als der neue Kriegshafen Wilhelmshaven gebaut wurde und die kaiserliche Marine an den Jadebusen zog. Um sicherzustellen, dass die mit den Gezeiten ein- und ausströmende Wassermenge ausreichte, um das Jadefahrwasser nicht versanden zu lassen, verbot man schließlich 1883 per Gesetz alle weiteren Eindeichungen der tiefen Bucht.

Durch das enge Jadefahrwasser strömt bei jeder Ebbe fast der ganze Wasserinhalt des Jadebusens hinaus in die Deutsche Bucht und bei Flut wieder hinein: 450 Millionen Kubikmeter Wasser pressen sich durch eine 2,3 Seemeilen breite Meerenge. Sie sorgen für eine starke Strömung, die ständig Sand und damit die Rinne freispült. Aber selbst im tiefsten Seehafen Deutschlands gibt es Schlickfall, müssen jedes Jahr acht bis neun Millionen Kubikmeter Boden ausgebaggert werden.

Info In Deutschlands einzigem Tiefwasserhafen mit Containerterminal, dem JadeWeserPort in Wilhelmshaven, löschen die größten Brücken der Welt die Fracht. | Tipp Unbedingt eine Ausflugsfahrt in das Jadefahrwasser und zum Hafen machen. Sie findet täglich um 11, 12 und 15 Uhr statt (www.reederei-warrings.de).

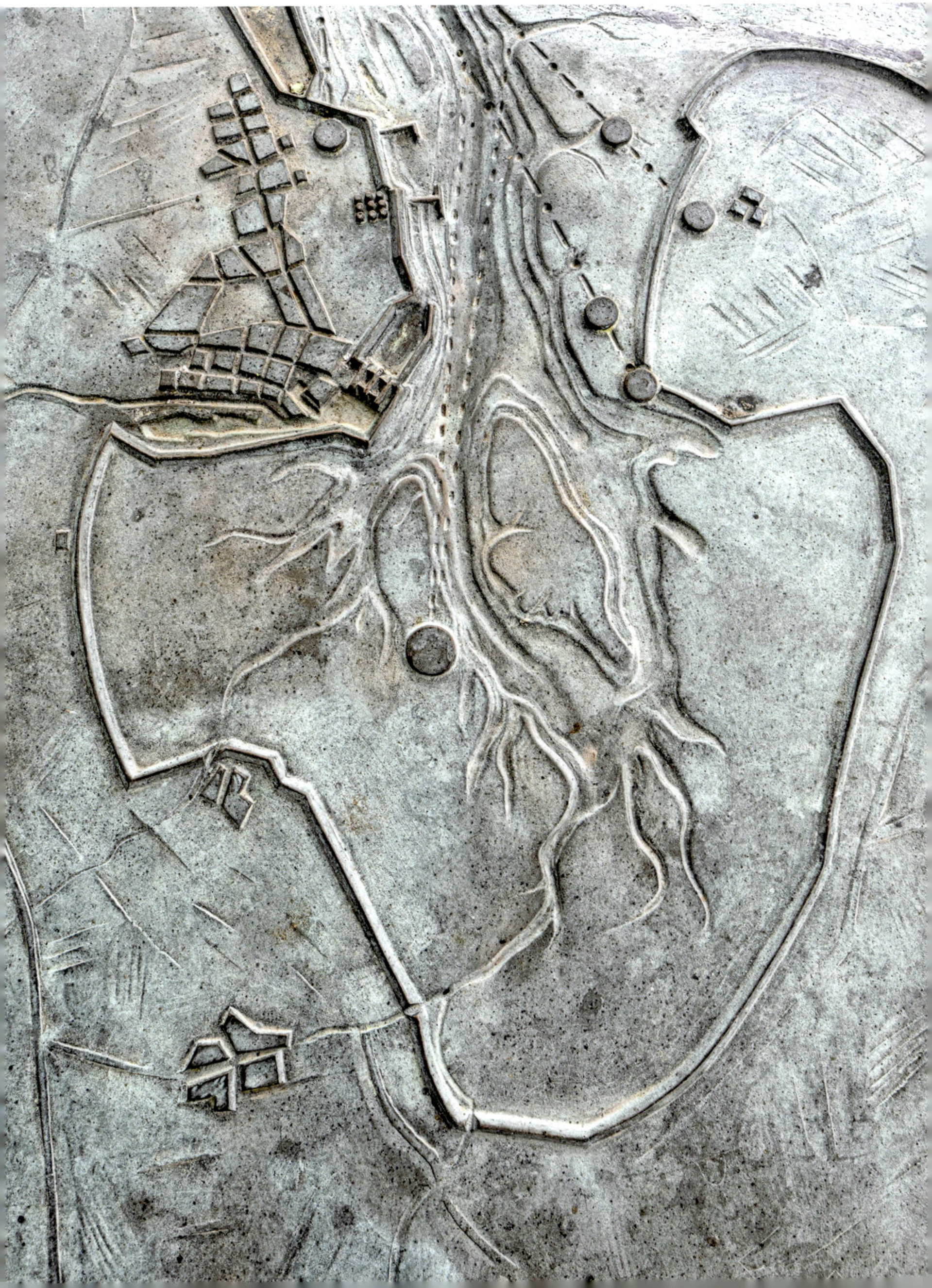

102 Das Kulturzentrum

Das Pumpwerk: Mekka der Musik und Kleinkunst

Ein Geheimtipp ist dieser Ort wahrlich nicht mehr: »Comedy, Kabarett, Konzerte über das ganze Jahr«, das gibt es im »Pumpwerk« in Wilhelmshaven. In den 1970er Jahren als eines der ersten soziokulturellen Zentren in Deutschland im Süden der Stadt am Ems-Jade-Kanal eröffnet, ist das Haus heute eine Institution für den gesamten Nordwesten der Republik. Jährlich treten im Pumpwerk rund 160 Live-Acts auf – vor unter dem Strich 150.000 Gästen. Seit August 1976 zählte man bei rund 5.000 Veranstaltungen mehr als 2,5 Millionen Besucher.

Das »Pumpwerk-Süd« wurde ursprünglich zwischen 1903 und 1907, noch zu Kaiser Wilhelms Zeiten, als Abwasserpumpwerk gebaut. Eine Maßnahme zur Verbesserung der städtischen Infrastruktur, errichtet im dritten Hafenbauabschnitt der noch jungen Stadt Wilhelmshaven. Bis 1974 wurde über dieses Gebäude Abwasser der Stadt in die Nordsee gepumpt. Doch dann kam der Architekt Ingo Sommer, damals Leiter des städtischen Hochbauamts, und baute das historische Gebäude – in heute unvorstellbaren 14 Monaten für die gesamte Planung und den Umbau – zu einem Kultur- und Veranstaltungszentrum um.

Es begann eine Erfolgsgeschichte, die bald 50 Jahre und mehr andauert. Das Pumpwerk hat immer auch talentierten Nachwuchskünstlern und -bands ein Podium gegeben. So hatten Fury in the Slaughterhouse, Heinz Rudolf Kunze, Klaus Lage, New Model Army, BAP, Trio oder Max Raabe zu Beginn ihrer Karriere Auftritte. Auch Jazzfreunde im gesamten norddeutschen Raum zieht es ins Pumpwerk, das in seinem hochkarätigen Programm auf Chet Baker, Charles Mingus, Art Blakey, Dexter Gordon, Astrud Gilberto, Baden Powell, Jan Garbarek, Peter Herbolzheimer oder Till Brönner als Interpreten zurückblicken kann. Auf die Kleinkunst richtet sich der Blick bei der jährlichen Verleihung des »Wilhelmshavener Knurrhahns« – ein Preis, den die Stadt seit 1986 verleiht.

Adresse Banter Deich 1a, 26382 Wilhelmshaven, Tel. 04421/92790 | Öffnungszeiten Termine unter www.pumpwerk.de | Tipp Auf den Außenflächen des Pumpwerks findet in den Sommermonaten so einiges statt: regelmäßige Open-Air-Konzerte oder Public Viewing zu den Europa- und Weltmeisterschaften.

103 Die lange Hafenmeile

Vom Deutschen Marinemuseum zum Helgolandkai

Die Zeiten, als Wilhelmshaven ein reiner Kriegshafen war, sind lange vorbei. Auch wenn die Marine wieder eine große Rolle spielt, denn die Hafenstadt ist heute immerhin der größte Standort der Bundeswehr. Über die militärische Historie der Stadt, wo mit einer Meuterei der Matrosen im November 1918 das Ende des Ersten Weltkriegs eingeläutet wurde, informiert das Deutsche Marinemuseum. Dessen stählerne Ungetüme, darunter ein U-Boot, ein Zerstörer und ein Minenjagdboot, prägen das militärische Bild des Museumshafens.

Doch nur wenige Meter östlich die Straße entlang ändert sich mit einem Mal die maritime Szenerie. Man gelangt in den Hafenbereich, der für die Ausflugsschifffahrt sowie für private Motorboote und Segelyachten reserviert ist. Vom Helgolandkai startet regelmäßig die »MS Harle Kurier« der Reederei Warrings zu ihren Fahrten ins Jadefahrwasser und den Nationalpark Wattenmeer, um Seehunde und – mit ein bisschen Glück – auch kleine Schweinswale zu sehen. Von hier geht es für Menschen mit und ohne Rad zweimal am Tag nach Eckwarderhörne auf die andere Seite des Jadebusens (siehe Ort 65 und 71).

Eine der interessantesten Touren im Angebot ist die große Hafenrundfahrt, die in den weiter nördlich gelegenen Marinehafen der Bundeswehr und noch weiter die Küstenlinie hinauf zum JadeWeserPort (siehe Ort 110) führt. Vom Wasser aus hat man den mit Abstand besten Blick auf die gigantischen Kräne des größten Tiefwasser-Containerhafens Deutschlands und auf die riesigen Anlagen des Industriehafens für Erdöl.

Am Ende des großartigen Ausflugs kann man noch einen Blick in den Nassauhafen werfen, mit seiner namengebenden Brücke, die das Ufer des Yachthafens mit einem etwa 50 Meter langen schwimmenden Anleger verbindet. Es geht vorbei an der bronzenen »Windsbraut«, bis die schmale Flutmole mit ihren langen Armen die Ausflügler und die Fähre wieder empfängt.

Adresse Südstrand 125, 26382 Wilhelmshaven, www.marinemuseum.de, Tel. 04421/400840; Südstrand 123, Tel. 04421/367808, www.reederei-warrings.de | Tipp In der Nähe des Fähranlegers zeigt das Aquarium Wilhelmshaven in einer Saurier-Ausstellung uralte Giganten der Meere: www.aquarium-wilhelmshaven.de.

104 Das Leuchtturmprojekt

Kostenfrage: der TWWP-Neubau am Banter See

Das Trilaterale Weltnaturerbe Wattenmeer-Partnerschaftszentrum, abgekürzt TWWP, soll die neue Schaltzentrale der internationalen Zusammenarbeit in der gesamten Wattenmeer-Region werden. Auch für das Gemeinsame Wattenmeersekretariat (Common Wadden See Secretariat, CWSS) wird damit ein neues Zeitalter eingeläutet. Das trilaterale Gremium ist zuständig für die grenzübergreifende Koordination der Wattenmeer-Aktivitäten zwischen den Niederlanden, Deutschland und Dänemark sowie für das Management des Weltnaturerbes Wattenmeer gemäß der UNESCO-Konvention.

Der Neubau des TWWP ist ein Leuchtturmprojekt der Stadt Wilhelmshaven. Am Banter-See-Park hat man schnell ein wunderbares Gelände für das neue Domizil gefunden, direkt am Wasser des alten Westhafens und mittendrin in der Zukunft der Stadtentwicklung rund um die Jadeallee und die Wiesbadenbrücke. Auch ein 2017 europaweit ausgelobter Architekturwettbewerb war bereits entschieden. Klarer Sieger war ein Entwurf der dänischen Architektin Dorte Mandrup, die den vorhandenen Bunker aus dem Zweiten Weltkrieg, die »Banter Ruine«, überzeugend in den Neubau integrierte.

Doch statt eines überdimensionalen Glaswürfels und einer filigranen Fassade, in der sich der Himmel und das Wasser vom nahen Jadebusen spiegeln, sieht man auch Ende 2023 auf dem Gelände nur den schweren Beton des alten Bunkers. Denn von ursprünglich 19,7 Millionen Euro drohten 2021 die Kosten auf 26,74 Millionen zu explodieren. Die Stadt stellte das gesamte Projekt auf den Prüfstand. Im Sommer 2023 stellte der Bund jedoch die Förderung des Projekts mit zehn Millionen Euro in Aussicht.

Es gibt also wieder Hoffnung: Vielleicht erhebt sich hier bald ein neues architektonisches Highlight der Stadt. Den vielen Menschen, die sich über drei Länder hinweg für das UNESCO-Weltnaturerbe Wattenmeer einsetzen, wäre er zu wünschen: ihr internationaler »Partnership-Hub«.

Adresse Jadeallee, Banter-See-Park, 26382 Wilhelmshaven | Tipp Ein Bunker der ehemaligen Kasernenanlage am Banter See bildet das Herz des neuen TWWP. Geplant ist, darüber einen überdimensionalen Glaskubus zu bauen. Auch die Nationalparkverwaltung Niedersächsisches Wattenmeer wird hier einziehen.

105 Der malerische Adelssitz

Burg Kniphausen: Wohnen in der Wasserburg

Der hoch aufragende Turm mit seiner außergewöhnlichen Zwiebelhaube verleiht der historischen Burg etwas Märchenhaftes. Er ist der Blickfang von Burg Kniphausen, die sich schon im späten Mittelalter hier, nördlich der Maade und südlich von Fedderwarden, befand. Bemerkenswert ist an der ursprünglichen Häuptlingsburg, dass sie die Mutterburg von gleich zwei bedeutenden norddeutschen Adelsgeschlechtern ist: der Linie Knyphausen im ostfriesischen Lütetsburg sowie der Vareler Linie derer von Aldenburg-Bentinck.

Die Burg vermittelt laut Historikern das typische Bild eines Adelssitzes in der Spätrenaissance, wenn auch im Laufe der Jahrhunderte und nach einem Brand im Jahr 1708 nur noch die Vorburg stehen geblieben ist, mit zwei Stallgebäuden, dem ehemaligen Marstall sowie dem achteckigen Treppenturm. Das Torhaus mit dem Wappen, das man eingangs durchquert, stammt ebenfalls aus dem 16. Jahrhundert. Im Durchgang sind die wechselnden Besitzer über die Jahrhunderte auf einer Tafel festgehalten.

Auch gegenwärtig zeichnen sich wieder Veränderungen ab. Das Gelände der Burg gehört zur Stadt Wilhelmshaven, die Burg selbst war lange im Privatbesitz. Der Ahnensaal im Hauptgebäude und einige Nebenräume wurden der Stadt sowie der Stiftung Burg Kniphausen zur Nutzung überlassen, es fanden über die Jahre viele Trauungen und Kunstausstellungen statt. 2021 liefen die Verträge mit der Stadt aus, die Burg wurde allem Anschein nach verkauft, die Gastronomie in der Burgschänke ist geschlossen. Über die Zukunft der Burg bestand Ende 2023 noch Unklarheit.

Der großartige Park der Anlage ist jedoch öffentlich und damit jederzeit zugänglich. Und was auch immer möglich ist, ist, eine Wohnung in der Burg oder ihren Nebengebäuden zu mieten. Insgesamt 36 Mietwohnungen gibt es hier. Im November 2023 war gerade wieder eine frei für zukünftige Burgfräulein oder -herren.

Adresse Fedderwarder Landstraße, 26388 Wilhelmshaven | Tipp Der wunderbare Schlosspark lohnt definitiv einen Spaziergang: entlang efeubewachsener Gemäuer, unter alten Bäumen und durch lange Reihen von Buchsbaumkugeln.

106 Der maritime Aussichtspunkt

Höher geht's nicht: auf dem Rüstringer Berg

13,5 Meter ist er hoch – der höchste Punkt Wilhelmshavens. Doch es ist nicht die Höhe, die die Menschen zu diesem Pavillon am Rande der Stadt lockt. Es ist vielmehr die herrliche Aussicht: Der Blick geht weit aufs Jadefahrwasser hinaus, vor einem zieht der Schiffsverkehr direkt vorbei, rechts und links liegen die Häfen der Jadestadt, und von gegenüber grüßen die Deiche von Butjadingen. Wegen der herausragenden Position befand sich im Zweiten Weltkrieg an dieser Stelle auch eine Geschützstellung, die später gesprengt und mit Sand verfüllt wurde. Übrig blieb der »Rüstringer Berg«.

Die Lage des grünen Hügels hört sich zunächst gar nicht mal so idyllisch an: Er liegt inmitten von Industrie und Militär, zwischen dem Ölhafen und dem Marinestützpunkt der Bundeswehr am neuen Heppenser Seedeich. Den Deich überragt er trotz dessen Aufstockung im Jahr 2022 immer noch um fast fünf Meter und bietet somit weiterhin eine gute Fernsicht, trotz vieler Bäume drum herum.

Ende der 1970er Jahre wurde an dieser Stelle eine weitläufige Terrassenanlage errichtet, die ein großzügiger Pavillon auf dem höchsten Punkt krönt – ein Blickfang bis heute. Auffällig ist das Dach des Pavillons, denn statt eines luftig-leichten Gebildes erhebt sich ein massives, hohes Kupferdach gen Himmel.

Und tatsächlich – es befand sich mal an ganz anderer Stelle: Das an den Jugendstil erinnernde geschwungene Dach saß ursprünglich – im 19. Jahrhundert – auf einem Paketannahmegebäude der Post in der Innenstadt. Das lag zwischen dem damaligen Telegraphenamt von 1890 an der Rheinstraße und dem Kaiserlichen Postamt von 1883 an der damaligen Königsstraße, der heutigen Ebertstraße. Das Gebäude gibt es nicht mehr. Es wurde 1974 abgetragen, das Dach jedoch behalten. 1976 setzte man das wunderbare Kleinod aus der Kaiserzeit schließlich dem Pavillon am Rüstringer Berg als Haube auf.

Adresse Zum Ölhafen, Terrassenanlage Rüstringer Berg, 26384 Wilhelmshaven | Tipp Auf dem Rüstringer Berg gibt es neben maritimen Rundblicken viele Hinweise auf die Umgebung zu lesen sowie eine sanierte Bakentonne zu bestaunen. Der Weg hinauf führt an der Gedenkstätte Seefrieden vorbei.

107 Die niederdeutsche Bühne

Das Theater am Meer: eine großartige Theaterfamilie

Das »Theater am Meer« ist eine Institution in Wilhelmshaven. Seit 1932 werden Theaterstücke auf Plattdeutsch gespielt: ein Haus mit Tradition also – aber weit entfernt von Laienspiel und Volkstümelei. Immer am Puls der Zeit kommen Stücke auf die Bühne, die auch ein junges Publikum ansprechen, wie etwa »De lütte Horrorladen«, eine Adaption eines überaus erfolgreichen Musikfilms aus den 1980er Jahren. Vom witzigen Musical über die klassische Komödie und Lustspiele bis hin zu ernstem Schauspiel und Tragödie – weit reicht das Spektrum der Aufführungen im TaM, wie das Haus in der Nähe des Kurparks auch gern kurz genannt wird.

Das TaM ist Mitglied des Niederdeutschen Bühnenbunds, in dem sich hochwertige, plattdeutsch spielende Bühnen zwischen Elbe und Ems zusammengeschlossen haben. Das »Niederdeutsche Theater« kam 2014 zu besonderen Ehren, als das Expertenkomitee der deutschen UNESCO-Kommission es in das bundesweite Verzeichnis des immateriellen Kulturerbes aufnahm. Langjähriger Präsident des Theaterverbunds ist seit 2005 Arnold Preuß, der auch Vorsitzender des TaM und dessen künstlerischer Leiter ist. Im eigenen Schauspielhaus mit 99 Plätzen werden in Wilhelmshaven jährlich fünf Theaterstücke präsentiert, eins davon immer auch auf Hochdeutsch.

Besonders stark setzt sich das TaM für den Nachwuchs ein. Seine Theaterschule für junge Menschen von acht bis 18 Jahren ist Basis des Erfolgs und sorgt dafür, dass die niederdeutsche Sprache erhalten bleibt. Ganze Generationen haben hier schon Theater gespielt, darunter die Familie des Urgesteins Horst Karstens, der 35 Jahre lang dabei war und das Theater-Gen anscheinend weitergab: Seine Tochter Dagmar Wehrmann ist festes Mitglied des heutigen, rund 30-köpfigen Ensembles, und Enkelin Rieke macht es dem Großvater auch schon nach. Das TaM, das ist vor allem eine große Theaterfamilie.

Adresse Kieler Straße 63, 26382 Wilhelmshaven, Tel. 04421/777749 | Öffnungszeiten Termine und Spielplan unter www.theater-am-meer.de | Tipp Für Theaterfreunde ist zudem die Landesbühne Niedersachsen Nord zu empfehlen. Sie hat ihren Sitz in Wilhelmshaven, ist zudem aber Wanderbühne für den Nordwesten (www.landesbuehne-nord.de).

108 Die Open-Air-Galerie

Die Kunst der Illusion: das StreetArt Festival

Angefangen hat alles 2011 mit der »fixen Idee« eines Radiomachers, Straßenmaler nach Wilhelmshaven zu holen und ihre Kunst in der Innenstadt zu präsentieren. Heute ist das »Internationale StreetArt Festival« eine feste Größe im Jahreskalender, ein Event von internationaler Anziehungskraft. Künstler aus der ganzen Welt, von Mexiko bis Japan, zieht es am ersten Augustwochenende regelmäßig in die Hafenstadt, um sich mit den Besten ihrer Zunft zu messen und die Fußgängerzone in eine Open-Air-Galerie zu verwandeln.

Die Straßenmaler treten in drei Wettbewerben an: Sie gehören entweder zu den »Kopisten«, die nach Vorlage Kunstwerke alter Meister anfertigen, oder zu den »Freien Künstlern«, die frei in der Wahl ihres Motivs sind. Die dritte Gruppe, die »3D-Künstler«, präsentiert eine Spielart der Straßenmalerei, die atemraubende Kunstwerke von unglaublicher Räumlichkeit und Tiefe auf den flächigen Asphalt zaubert. Da steht man plötzlich am Rand riesiger Felsschluchten, läuft auf einer Hängebrücke über einen Wasserfall oder fühlt sich wie bei »Gullivers Reisen« im Land der Liliputaner.

Die gigantischste Leinwand des Festivals ist jedes Jahr auf dem Valoisplatz zu sehen. Mit einer Fläche von 1.570 Quadratmetern zeigte das Team um Gregor Wosik 2012 laut Guinness-Buch sogar das »Größte Straßenbild der Welt«. Bis zu 40 Künstler streiten jährlich um die Titel in den drei Kategorien, die vom Publikum vergeben werden. Darüber hinaus gibt es den Künstlerpreis, bei dem ebenjene unter sich den Besten oder die Beste küren.

Der eigentliche Wettbewerb findet auf der Markstraße statt. Dazu kommt die Bahnhofstraße, auf der sich Kinder und Jugendliche austoben können. Bodypainting spielt schon lange, seit 2013, auf dem Festival eine Rolle und sorgt stets für überraschende Momente, wenn bemalte Models, integriert in ein Bild, sich plötzlich von diesem abheben.

Adresse Valoisplatz/Marktstraße, 26382 Wilhelmshaven | Tipp Straßenkunst ist vergänglich, aber in diesem Fall festgehalten auf www.streetart-wilhelmshaven.de, wo man sich die prämierten Kunstwerke des Internationalen StreetArt Festivals von seinen Anfängen bis heute anschauen kann.

109 Der Rosengarten

Einzigartig im Nordwesten: das Rosarium

Die *Rosa rugosa*, die sich an der Nordsee so wohl fühlende Kartoffelrose, ist selbstverständlich auch im Sortiment. Doch das Rosarium in Wilhelmshaven hat weitaus mehr zu bieten, als sich gemeinhin in den Gärten und entlang der Straßen Frieslands entdecken lässt. Rund 500 unterschiedliche Rosensorten finden sich in dem Paradies am Rand des Rüstringer Stadtparks. Kein Wunder, dass sich dieses Gelände mit insgesamt 5.000 Pflanzen vom Geheimtipp zum Publikumsmagneten für Rosenliebhaber entwickelt hat. Es soll zudem das Einzige seiner Art im gesamten Nordwesten Deutschlands sein.

Ende der 1970er Jahre lag das Gartenland noch brach. Es wurde zunächst als Lehr- und Schaugarten von den Gärtnern der Stadt angelegt. 2003 übernahm der private Förderverein Rosarium die Pflege und Betreuung des Grüns von der Stadt. Die kreativen »Rosarier«, wie sich selbst auch nennen, legten gleich los und weckten das Rosarium aus einem langen Dornröschenschlaf. Die Eröffnung im Mai und das Rosenfest im Juni des Jahres lockten bereits Tausende Besucher in den Garten. Im nächsten Jahr warb das Radio mit der Pflanzung der »NDR 1 Niedersachsen«-Rose.

Stets an Muttertag wird die Saison im Rosarium eröffnet, auch wenn um diese Zeit weniger die Rosen, sondern Frühlingsblumen Farbe in den Garten bringen. Viele kleine Veranstaltungen in der Saison sorgen für lebhaftes Treiben im sonst eher stillen Refugium. Den Abschluss bildet immer das Lichterfest, das das Rosarium in eine magische Lichterwelt taucht.

Im Rosenpavillon werden Brautpaare romantisch getraut. Es gibt eine Wildrosenschlucht, einen Rosensee, seit 2019 sogar einen Senkgarten. Das neueste Projekt des Vereins ist ein Atriumgarten, um Kletterrosen noch besser präsentieren zu können. Um die Pflege der Teiche kümmert sich der Sportfischerverein Wilhelmshaven, der sie auch für die Aufzucht gefährdeter Kleinfischarten nutzt.

Adresse Neuengrodener Weg 22c, Rüstringer Stadtpark, 26386 Wilhelmshaven, Tel. 04421/772247 | Öffnungszeiten Mai–Okt. Mo–So 10–18 Uhr, Eintritt frei, www.rosarium-wilhelmshaven.de | Tipp Es gibt Führungen durch das Rosarium und seine Themengärten – um telefonische Anmeldung wird gebeten.

110 Der Tiefwasserhafen

JadeWeserPort: ein Containerhafen der Superlative

Der Standardcontainer mit 20 Fuß wird auch TEU genannt, die Abkürzung für »Twenty-Foot Equivalent Unit«. Er ist zudem die Maßeinheit für die Lagerkapazität von Containerschiffen und somit der Taktgeber des weltweiten Handels und der Globalisierung von Warenströmen.

Um Container dreht sich natürlich auch alles am »JadeWeserPort« im Norden von Wilhelmshaven. Im Vergleich zu älteren Häfen – wie die von Hamburg oder Bremerhaven – gehört er, was den Containerumschlag angeht, eher zu den kleineren. Aber er hat eine Reihe von Alleinstellungsmerkmalen, die ihm zu Größerem prädestinieren. Vor allen Dingen sein Tiefgang macht ihn einzigartig in Deutschland: In Wilhelmshaven können Containerriesen selbst bei Ebbe bis zu einem Tiefgang von 16,50 Metern einfahren.

Der Tiefwasserhafen war eines der größten maritimen Infrastrukturprojekte, die je in Niedersachsen gestemmt wurden. Auf einem Gelände, über das vorher Nordseewasser flutete, wurde ein 360 Hektar großer »Hafen im Meer« gebaut. Dazu wurden 46 Millionen Kubikmeter Sand über eine Dükerleitung aufgespült. 2008 war Baubeginn, im Herbst 2012 wurde der JadeWeserPort feierlich eröffnet.

Von insgesamt neun Seehäfen in Niedersachsen verzeichnet der von Wilhelmshaven mittlerweile recht starke Wachstumszahlen: Um 68,5 Prozent stieg der Umsatz 2022 an, auf 712.953 umgeschlagene TEU-Standardcontainer: das beste Jahresergebnis seit der Inbetriebnahme. Den umschlagsstärksten Bereich bilden in Wilhelmshaven aber nach wie vor flüssige Massengüter, also Gas und Kraftstoffe. Sie machten 2022 allein 21,64 Millionen von 30,84 Millionen umgeschlagenen Tonnen aus.

Mit seinen acht Containerbrücken und den größten Kränen der Welt, einer Kailänge von 1.700 Metern, die das parallele Entladen von bis zu drei Containerschiffen nebeneinander ermöglicht, hat der JadeWeserPort viel Potenzial für künftiges Wachstum.

Adresse Am Tiefen Fahrwasser 11, 26388 Wilhelmshaven | Öffnungszeiten Hafenbustouren buchbar über das JadeWeserPort-InfoCenter, www.jadeweserport-infocenter.de, Tel. 04421/7719091 | Tipp Besonders beeindruckend ist der Blick bei einer großen Hafenrundfahrt, die am Helgolandkai startet.

111 Die Tourismus-Agentur

TANO: Marketing für Niedersachsens Nordsee

Von der niederländischen Grenze bis zur Elbe, von den Ostfriesischen Inseln bis weit hinein ins Ammerland, von Ostfriesland über Friesland bis zur Wesermarsch, von der Seestadt Bremerhaven bis hinauf nach Cuxhaven und seinem Umland: Das Einzugsgebiet der Tourismus-Agentur Nordsee GmbH (TANO) ist mit einer Fläche von 5.403 Quadratkilometern nicht nur ein großes, sondern auch ein besonders vielfältiges und kontrastreiches – wie etwa der Jadebusen, der auf diesen Buchseiten im Mittelpunkt steht.

Sieben Landkreise und zwei kreisfreie Städte haben die TANO Anfang 2022 ins Leben gerufen. Die Gesellschaft hat ihren Geschäftssitz am Jadebusen, in Wilhelmshaven. Sie fungiert als zentrale Stelle bei der Entwicklung und Führung der Marke Nordsee und bildet die regionale Klammer für das Destinationsmanagement, also bei Themen wie Digitalisierung, Mobilität, Nachhaltigkeit, Arbeitskräftegewinnung und vielen mehr.

Gemeinsam mit vielen anderen Tourismusmachern der Region wird in der TANO die Zukunft des niedersächsischen Nordseetourismus auf den Inseln, an der Küste und im Binnenland entwickelt. Mit 15,4 Millionen Übernachtungen 2022, gezählt in Betrieben mit zehn oder mehr Betten, gehört die Region zu den meistbesuchten in Deutschland.

Die TANO ist also nicht nur eine Marketingagentur, sondern auch eine Einrichtung von Touristikern für Touristiker, agiert also im Bereich des sogenannten Business-to-Business (B2B). Sie organisiert Branchentreffs wie den »NordseeTourismusTag«, lobt mit dem »Goldenen Leuchtfeuer« Preise für innovatives Marketing und besten Gästeservice aus und offeriert den vielen Partnern die Beteiligung an übergreifenden Marketingkampagnen, wie dem »Nordsee-Reisepass«, mit dem die TANO sofort punkten konnte. Das Stempelheft lädt ein zum Sammeln von Nordsee-Motiven vor Ort. Das kommt ausgesprochen gut an – nicht nur bei Urlaubern.

Adresse Börsenstraße 7, 26382 Wilhelmshaven, www.tano.travel | Tipp Den »Nordsee-Reisepass« kann man an ausgewählten Verkaufsstellen und auch online unter www.nordsee-reisepass.de für zehn Euro erwerben. Der Verkaufserlös geht an regionale Umwelt- und Naturschutzprojekte.

1
3 km
Wangerooge
Spiekeroog
Minsener Oog
Nordsee
Nationalpark
Mellum
Wanger Watt
Der Hohe Weg
Harlesiel
Carolinensiel
Horumersiel
Nieder-
sächsisches
Hohenkirchen
Landkreis
Hooksiel
Wittmund
Jever
Schortens
Wilhelmshaven
Wattenmeer
Ems-Jade-Kanal
Jadebusen
A29
Friesland
Wiesmoor
Zetel
Varel

3 km
2
Nordsee
Nationalpark
Langwarden
Ruhwarden
Solthörner Watt
Tossens
Burhave
Langlütjensand
Butjadingen
Eckwarden
Stollham
Nieder-sächsisches
Jadebusen
Landkreis
Nordenham
Abbehausen
Seefeld
Esens-hamm
Schweiburger Watt
Wattenmeer
Stadland
Weser
Schwei
Rodenkirchen
Diekmanns-hausen
Schweiburg
Wesermarsch
Jade
Jader-berg
Neustadt
Övelgönne
Brake (Unterweser)
66 76 80 70 67 68 69 73 72 77 79 78 98 82 71 75 65 101 59 85 84 86 91 83 92 94 88 93 89 90 87

3
Voslapper Groden
Sengwarden
JadeWeserPort
Voslapp
110
Fedderwarder-
groden
Rüstersieler
Groden
Himmelreich/
Coldewei
Fedderwarden
Rüstersiel
Maade
Altengroden
A29
105
Maade-
bogen
106
Rüstringer
Park
Heppenser
Groden
109
Aldenburg
Wilhelmshaven
Schaar
Neuende
Siebeths-
burg
Heppens
107
Nord-
hafen
Innenhafen
Ebkeriege
Bant
108
111
Innenstadt
Innenhafen
Ems-Jade-Kanal
102
Großer
Hafen
96
95
103
Mariensiel
104
Innenhafen
Banter See
99
Jadebusen
JadeWeser-
Airport
1 km

5 km
4
Nordsee
Scharhörner Watt
Nationalpark Hamburgisches Wattenmeer
Sahlenburger Watt
23
1
Gemeinde Wangerooge
Wangerooge
Spiekeroog
Nationalpark
Wanger Watt
Nordeversand
Südeversand
74
Der Hohe Weg
Niedersächsisches
Wattenmeer
Gemeinde Wangerland
Landkreis
3
2
Solthörner Watt
Langlütjen-sand
Wittmund
Jever
Gemeinde Jever
Schortens
Gemeinde Schortens
Wilhelms-haven
Gemeinde Butjadingen
Butjadingen
Bremerhaven
A29
Gemeinde Sande
Jadebusen
Nordenham
Gemeinde Nordenham
Friesland
Landkreis
Schweiburger Watt
Stadland
Gemeinde Stadland
Zetel
Wiesmoor
Gemeinde Zetel
Bock-horn
Varel
Gemeinde Varel
Gemeinde Jade
Gemeinde Brake
Gemeinde Bockhorn
Wesermarsch
Brake (Unterweser)
Gemeinde Ovelgönne
A28
A29
Westerstede
Wiefelstede
Rastede
Elsfleth
Gemeinde Elsfleth
Zwischenahner Meer
Bremen
Berne
Bad Zwischenahn
Oldenburg
Gemeinde Berne

Petra Wochnik
111 Orte auf Langeoog, die man gesehen haben muss
ISBN 978-3-7408-2156-2

Petra Wochnik
111 Dinge über das Wattenmeer, die man wissen muss
ISBN 978-3-7408-1081-8

Manfred Reuter, Lena Reuter
111 Orte in Ostfriesland, die man gesehen haben muss
ISBN 978-3-7408-1455-7

Bernd Flessner, Hannah Fleßner
111 Orte in der Krummhörn, die man gesehen haben muss
ISBN 978-3-7408-1216-4

Manfred Reuter, Lena Reuter
111 Orte auf Norderney, die man gesehen haben muss
ISBN 978-3-7408-1649-0

Bernd Flessner
111 Orte auf Juist, die man gesehen haben muss
ISBN 978-3-7408-1674-2

Michael Moll
111 norddeutsche Campingplätze, die man kennen muss
ISBN 978-3-7408-1266-9

Lena Reuter, Manfred Reuter
111 Orte in Aurich, die man gesehen haben muss
ISBN 978-3-7408-0842-6

Uwe Grießmann, Sonja Klima
111 Orte in und um Hildesheim, die man gesehen haben muss
ISBN 978-3-7408-2130-2

Annett Rensing
111 Orte in und um Osnabrück, die man gesehen haben muss
ISBN 978-3-7408-2129-6

Jochen Reiss
111 Orte im Alten Land, die man gesehen haben muss
ISBN 978-3-7408-2086-2

Cornelia Kuhnert
111 Orte in Hannover, die man gesehen haben muss
ISBN 978-3-7408-2017-6

Kirsten Elsner-Schichor
111 Orte im Harz, die man gesehen haben muss
ISBN 978-3-7408-2018-3

Hans Christian Müller, Micheline Prüter-Müller
111 Orte in Lüneburg, die man gesehen haben muss
ISBN 978-3-7408-1743-5

Ingo Stock
111 Orte im Teutoburger Wald, die man gesehen haben muss
ISBN 978-3-7408-1715-2

Christine Izeki, Gerald Roemer
111 Orte im Wendland, die man gesehen haben muss
ISBN 978-3-7408-1520-2

Dorothee Fleischmann, Carolina Kalvelage
111 Orte im Weserbergland, die man gesehen haben muss
ISBN 978-3-7408-1511-0

Lars M. Vollmering
111 Orte in Wolfsburg, die man gesehen haben muss
ISBN 978-3-7408-1094-8

Zum Schluss: letzte Bemerkungen zu einer besonderen Region

Einmal um den ganzen Jadebusen – das ist tatsächlich eine Premiere unter den Reisebüchern. Nicht, dass der Jadebusen in Ratgebern und der Reiseliteratur gar nicht vorkommen würde. Schließlich bietet er als Region an der Nordsee viel Maritimes und ist daher immer einen Ausflug wert. Hier und da ist etwas über ihn zu lesen: Etwa, wenn ein Reiseführer über Friesland den Jadebusen im Untertitel trägt, aber doch nur einen Teil behandelt, die westliche Hälfte. Auch in der Belletristik kann man fündig werden: »Mord am Jadebusen« heißt ein lesenswerter Krimi aus dem Emons Verlag.

Doch ein Reisebuch, das nicht nur Friesland und Wilhelmshaven vorstellt, sondern auch die Halbinsel Butjadingen in der Wesermarsch, das ist tatsächlich neu – und genau das, was diesen Band gegenüber anderen auszeichnet. Sie haben jetzt erstmalig in einem Reisebuch den kompletten Überblick!

111 Orte am Jadebusen waren als Buchprojekt tatsächlich eine Herausforderung. Denn man reist im Prinzip durch ein zweigeteiltes Land. Für jemanden aus der friesischen Gemeinde Sande etwa ist das gegenüberliegende Butjadingen in der Wesermarsch definitiv kein Stück Heimat. Da trennt der Jadebusen eher, als dass er die beiden Gemeinden verbindet und sie sich zuvorderst als dessen Anrainer verstehen würden. Die Identifikation der Menschen am Jadebusen bezieht sich auf kleinere Einheiten: man ist Sander oder Butjenter. Ortsunkundig ist man meistens schon auf der gegenüberliegenden Seite der Bucht. Daher werden die 111 Orte in diesem Buch auch nicht einfach nach dem Alphabet geordnet, sondern zunächst übersichtlich nach Gebieten. Alles andere hätte die Lesbarkeit deutlich erschwert. Historisch war man am Jadebusen Rüstringer oder Östringer, Wangerländer oder Jeverländer, südlich davon Oldenburger – aber auf keinen Fall Ostfriese. Darauf können sich alle verständigen.

Die Entwickler der Nordsee-Region haben das touristische Potenzial des Jadebusens erkannt, allen voran die Nationalparkverwaltung des

Niedersächsischen Wattenmeers. Für das Programm der »Zugvogeltage«, in jedem Herbst ein Veranstaltungshighlight in Niedersachsen, teilt sie die Nordseeküste in drei Gebiete: Ostfriesland, Jadebusen und Cuxhaven/Wursten.

Die Landesbehörde ist zuständig für den niedersächsischen Abschnitt im UNESCO-Weltnaturerbe Wattenmeer, das sich über drei Bundesländer und drei Nationen erstreckt. Mit ihren vielen Bildungsprojekten und pädagogischen Einrichtungen, wie den Nationalpark-Häusern und Besucherzentren, gehört sie zu den Pionieren der touristischen Entwicklung. Sie war eine der ersten Organisationen, die den Jadebusen als etwas »Umrundbares« begriffen und eine informative Radroute um die Meeresbucht entwickelt hat.

Dieser Radwanderweg ist das Band, das Wilhelmshaven, Friesland und die Wesermarsch schon heute zusammenschließt. Auf die Naturschützer folgten die Künstler – mit einem Skulpturenpfad, der dem Jadebusen durch großformatige Bildhauerarbeiten einen sehenswerten Rahmen gibt. Mit der noch jungen TANO sitzt nun eine zentrale Tourismusorganisation für die Nordseeküste in Niedersachsen am Schalthebel, die helfen kann, den Jadebusen als Ganzes zu entwickeln und zu vermarkten.

Die Region hat viel Zukunft, nicht nur touristisch. Das spürt vor allen Dingen Wilhelmshaven. Als maritimer Außenposten ist die größte Stadt am Jadebusen strategisch wichtig für die Verteidigung und Energieversorgung der Republik sowie den globalen Handel: der größte Standort der Bundeswehr, das erste LNG-Terminal, der tiefste Containerhafen – sie befinden sich alle hier.

Ein extremer Kontrast zur Umgebung. Denn am Jadebusen hat die Natur das Sagen, das Meer und der Wind. »Viel Land, wenig Leute« ist treffend über ihn zu lesen. »Wenig Leute, viele Leuchttürme« könnte man fortsetzen. Das macht das Land an der Nordsee auch so einmalig: seine Leuchtfeuer. Nirgendwo gibt es mehr in Deutschland.

Petra Wochnik ist der Kopf hinter dem Online-Magazin Ostfriesland Reloaded und Autorin vieler Artikel zur Region. Nun ist sie auf Entdeckungsreise am Jadebusen gegangen.

Andreas Klasse, fotografiebegeistert seit seinem 14. Lebensjahr, wurde zweimal von renommierten Fachzeitschriften zum Fotografen des Monats gekürt. Er lebt und arbeitet im friesischen Jever.